DAS MODUL-BIKE

GUNNAR FEHLAU

DAS MODUL-BIKE

FALTBARE FAHRRÄDER

Delius Klasing
EDITION MOBY DICK

Die Deutsche Bibliothek – CIP-Einheitsaufnahme

Fehlau, Gunnar:
Das Modul-Bike : faltbare Fahrräder / Gunnar Fehlau. – Kiel :
Moby Dick Verl., 1997
ISBN 3-89595-113-7

ISBN 3-89595-113-7

Titelfoto: Modell »Birdy«, Firma Riese und Müller, Darmstadt (Firmenfoto)
Fotos: vom Autor, soweit nicht anders angegeben
Umschlaggestaltung: Buchholz/Hinsch/Hensinger, Hamburg
Gesamtherstellung: Hans Kock Buch- und Offsetdruck GmbH, Bielefeld
Printed in Germany 1997

Inhalt

All jenen gewidmet, die aus Freude am Radfahren
gegen den Strom strampeln und
ihr Velo so oft wie möglich nutzen –
wenn es sich anbietet oder
sie Spaß daran haben –;
vor allem all jenen, deren
Fuhrpark aus Lust und Einsicht
um ein Faltrad ergänzt wurde.
Sowie all jenen, die ihren Fuhrpark mit
einem Falter aufstocken wollen
und durch dieses Buch darin bestärkt werden …

Vorwort

»Das Fahrrad hat in seiner gewöhnlichen Konstruktion nur einen großen Fehler, welcher darin besteht, daß es eine für den Transport zu schwerfällige Maschine ist. Es ist schwer, ein Fahrrad, wenn es nicht förmlich eingepackt ist, mit der Eisenbahn oder dem Schiff zu transportieren ... Bei dem zusammenlegbaren Fahrrade ist so etwas nicht zu befürchten. Es läßt sich auch leicht mit in die Wohnung nehmen und in derselben bequem aufbewahren.«
Anton Daul 1906 (in »Illustrierte Geschichte der Erfindung des Fahrrades und der Entwicklung des Motorradwesens«)

Abgesehen von Schiffen und Flößen, die man bisweilen über Hügel trug, war das Fahrrad das erste Verkehrsmittel, welches selbst oftmals befördert wurde. Nur selten wurden so intensive Bemühungen unternommen, den Transport eines Fahrzeugs durch die technische Konzeption desselben zu vereinfachen.

Zerleg-, klapp- oder faltbare Fahrräder gibt es seit über 120 Jahren. Somit sind sie älter als das Rover Safety Bicycle, welches als die »Lucie« unter den Stahlrössern gilt. Die Entwicklung des Faltrades entstammt dem Verlangen, der Freude des Radfahrens überall frönen zu können, und der Einsicht, daß das Fahrrad nicht die »eierlegende Wollmilchsau« der Mobilität ist und nur in Symbiose mit anderen Verkehrsmitteln optimal zur Wirkung kommt.

Im 19. Jahrhundert war das Fahrrad vornehmlich Sport- und Spielgerät der gehobenen Kreise, welches »zum Spielplatz« gebracht werden mußte. Anschließend entdeckte das Militär das Fahrrad und versuchte, sein Einsatzgebiet durch eine »Klappfunktion« zu erhöhen. In den Sechzigern dieses Jahrhunderts fluteten Hersteller mit einfachsten Klapprädern den Markt. Seit Ende der achtziger Jahre erlebt das Faltrad eine Renaissance, die sich aus einem ökologischen und verkehrsrationalen Umfeld ableitet und mit einem Spritzer Sport und Snobismus gewürzt ist.

Bisher hatte die Menschheit scheinbar mehr Motivation, ein Auto zu entwerfen, das sich einfach und klein im Packmaß bis zum Mond transportieren läßt, als ein kleines und handliches Fortbewegungsmittel zu entwickeln, mit dem Otto Normalbürger die Lücke zwischen dem Laufen und dem Benutzen eines öffentlichen Verkehrsmittels oder Autos schließen kann. Aber seit etwa 10 Jahren bemühen sich innovative Firmen aus allen Wirtschaftsbereichen um die Entwicklung solcher Fahrzeuge. Der Trend geht zum Fahrrad, das sich platzsparend verstauen läßt.

Bei aller (berechtigten) Euphorie für Falträder ist nicht zu übersehen, daß dem Faltrad nach wie vor Attribute wie klapprig, schwer, langsam, häßlich und ergonomisch ungünstig anhaften. Dafür zeichnet die bereits erwähnte »Klappradwelle« billigster Modelle Ende der Sechziger verantwortlich. Doch gegen diesen Vorwurf verwehren sich die aufrichtigen Hersteller und verweisen auf ihre vorbildlichen Produkte. Um diese Räder und ihre Anwendung soll es in diesem Buch gehen.

Vor allem in Deutschland entbrannte eine manchmal sehr lebhafte Diskussion um eine neue Bezeichnung. Ausdrücke wie »Faltrad«, »Zerlegrad«, »Teleskoprad« oder »Modulrad« wurden diskutiert und werden verwendet, um den stigmatisierten Begriff »Klapprad« zu ersetzen. Grundsätzlich ist dies wünschenswert, allerdings vermischt sich diese Namensdiskussion oft mit einer technischen, was die Begriffsfindung schwierig macht.

Dieses Buch dient zum einen dazu, einen umfassenden Überblick über Falträder mit ihrer Geschichte, Konstruktion, Entwicklung und Zukunft zu geben. Zum anderen will es Interesse für Falträder und ihre Anwendung wecken.

Einmal mit einem Faltrad in Verbindung mit anderen Verkehrsmitteln auf Reisen gewesen, gibt der begeisterte Anwender dem Freiheitsbegriff eine neue Bedeutung, und auch der Reisegenuß wird neu definiert. Dem Stau in der Innenstadt entflieht man ebenso wie zusätzlichen Kosten im Bahnverkehr oder etwaigen Sonderregelungen für übergroßes Gepäck vieler Fluggesellschaften.

Wer im Alltag mit einem »Falter« unterwegs ist, hat stets die Option, mit einem anderen Verkehrsmittel (etwa im Wagen eines Freundes, den man zufällig getroffen hat) die Fahrt fortzusetzen. Die Flexibilität des Fahrrades wird durch eine Faltfunktion weit größer, als die Kosten gegenüber einem »starren« Radel gleicher Qualität steigen.

Zum Ende des Vorwortes und zum Beginn dieses Buches sei aber ausdrücklich festgehalten: Ungeachtet all dessen, was es über Fahrräder zu lesen gibt, bleibt das Benutzen des Velos das Schönste und Wichtigste.

Gunnar Fehlau

Begriffserklärung

Schon bei dieser Überschrift werden einige Fachleute seufzen, denn aus ihrer Sicht umreißt auch der Titel »Das Modul-Bike« nicht alle im Buch erwähnten Fahrräder. Wie bereits im Vorwort angeklungen, sind alle deutschen Namen für jene Räder, um die es hier geht, lediglich eine Verlegenheitswahl, da der Begriff Klapprad in Deutschland heute als Synonym für einen »untauglichen« Fahrradtyp gilt. Es bieten sich zweierlei Herangehensweisen an, diese Fahrradgattung neu zu benennen: Ein konstruktionsorientierter Ansatz einerseits, und eine pragmatische Betrachtungsweise andererseits.

Der erste Ansatz richtet sein Augenmerk auf die technische Umsetzung der Packmaßreduktion des Fahrrades. Diese »mechanisch« korrekte Betrachtung engt die Zahl der unter dem jeweiligen Namen zusammengefaßten Fahrräder stark ein. Zerlegräder dürfen nur zerlegt, nicht aber gefaltet werden, Falträder kennzeichnet die Faltbarkeit und Teleskopräder müssen mit dem Ineinanderschieben vorlieb nehmen. Bei Klapprädern wäre nur das Klappen in einer Dimension zulässig. Für viele artverwandte Räder entstünden bei dieser Gangart verschiedenste Gruppierungen, die jeweils einzeln betitelt sein müßten. Zwittertypen blieben unbeachtet oder würden mit unverständlichen Begriffen benannt: »Einklappschrittmiteinhalbzerlegundeinviertelfaltmechanismusfahrrad«.

Der Begriff »Modul-Bike« umgeht dieses Dilemma, da die technische Umsetzung in ihrer Eigenschaft undefiniert bleibt und doch erfaßt ist. »Modul« muß auf zwei Weisen verstanden werden: Erstens ist die Konstruktion des Rades modular. Das Fahrrad wird als System verstanden, das aus einzelnen Bauteilen besteht, die je nach Bedarf zusammengefügt werden. Paradebeispiel dieser Konzeption ist das Brompton.

In der Praxis wiederum ist dieses flexible Fahrradkonzept modularer Bestandteil der individuellen Mobilität. Ob mit Auto, Fähre, Bahn oder Flugzeug kombiniert, ist es Basis für eine ökonomische und ökologische

Lösung individueller Mobilitätsbedürfnisse.
Sicherlich bietet sich auch eine Flucht in englische Ausdrücke an. Im Englischen gibt es sowohl den Ausdruck »folding bike« als auch den Terminus »portable bike«. Er meint letztlich fast jede Art von Rad, weil sie sich alle irgendwie tragen lassen. Positiv schlägt bei ihm zu Buche, frei von technischen Nuancen zu sein.
Erwähnenswert sind weiterhin der Begriff »Schrumpfrad« und der von Christian Kuhtz geprägte Titel »Tramperrad«. Er umreißt zwei Charakteristika des Rades sehr gut: Das Rad ermöglicht dem Besitzer, quasi trampend andere Verkehrsmittel zu nutzen, und verpackt trampt das Rad selbst.

In diesem Buch werden vor allem die Begriffe »Modul-Bike« und »Faltrad« benutzt, wenn das Packmaß die Größe des fahrbereiten Rades unterschreitet, also als Synonym für das weite Feld der Flitzer, die sich mehr oder weniger gut transportieren lassen.
Abschließend noch eine Klärung der Terminologie der notwendigen Tätigkeiten:
Während »zusammengebaut« den Zustand des aufgebauten Fahrrades meint, verstehe ich »zusammengefaltet« als den Zustand des kleinstmöglichen Packmaßes. »Zusammenbauen« meint demgegenüber wieder die Arbeit, welche anfällt, um das Rad in den Zustand der Fahrbereitschaft zu versetzen.

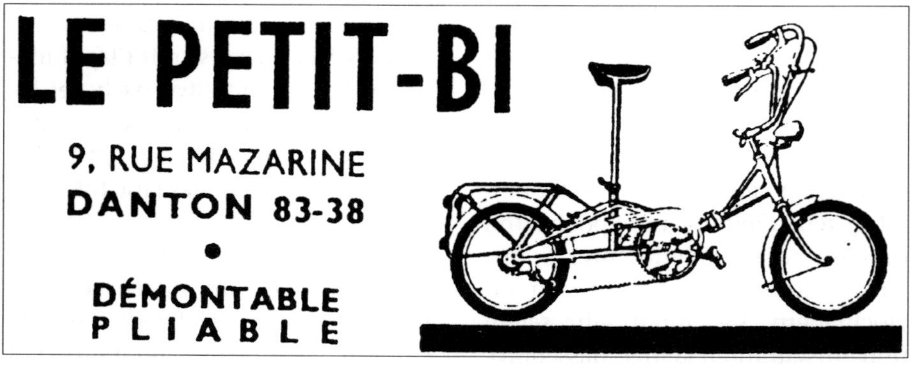

In einer späteren Version war das Le Petit-Bi auch faltbar, wie diese Anzeige beweist (s. S. 23)
Bild aus: It's in the bag, 1996

Geschichte

Dieses Kapitel ist John Pinkerton, Tony Hadland und David, Jane und Peter Henshaw gewidmet. Sie leisteten Vorarbeit durch ihre Bücher und die Arbeit in der Folding Society, die diese historische Aufarbeitung erst ermöglichte.

Die Geschichte des Faltrades weist viele verschiedene Herangehensweisen und Zielsetzungen von Herstellern und Konstrukteuren auf. Insofern behandelt dieses Kapitel vornehmlich einzelne Modul-Bikes, die wichtige Entwicklungsrichtungen und -impulse darstellen.

In der Zeit der Hochräder erscheint uns die Notwendigkeit eines zerlegbaren Rades aufgrund der sperrigen Konstruktion viel dringlicher gewesen zu sein als in unserer Zeit. Diese fahrradorientierte Sichtweise vernachlässigt allerdings die Mobilitätsgegebenheiten jener Epoche und das fahrradfahrende Klientel. Sportler und Reiche vergnügten sich auf Hochrädern, sie waren sehr selten und entstammten keiner Massenproduktion. Das Auto war noch nicht erfunden und die Eisenbahn neben Kutsche und Schiff ein wichtiges Verkehrsmittel. Platzmangel herrschte in allen dreien.

Obschon die Dreiräder in der Fahrradgeschichte eine bedeutende Rolle einnehmen, möchte ich hier (zugunsten ausführlicher Bemerkungen in anderen Bereichen) auf die historische Betrachtung dieser Faltradspezies verzichten.

1878 trat W.H.J. Grout mit einem zerlegbaren Hochrad an die Öffentlichkeit. Die britische Zeitschrift »Cycling« widmete dem Rad in der Märzausgabe von 1879 einen Artikel. Es war auf einer Ausstellung in der »Agricultural Hall« zu sehen.

Erste »Safety Bicycles« mit Klappfunktion gab es unmittelbar nach der Erfindung des »Safety Bicycles« selbst. Das erste Patent in den USA (No 378.253) datiert auf das Jahr 1888. Bei E.G. Lattas Rad handelte es sich um einen Rahmen mit einem vertikalen Zentralrohr. In diesem lag die Drehachse, um welche die Vorderpartie des Rahmens samt Vorderrad neben das Hinterrad gefaltet werden konnte. 1888 gab Emmit G. Latta

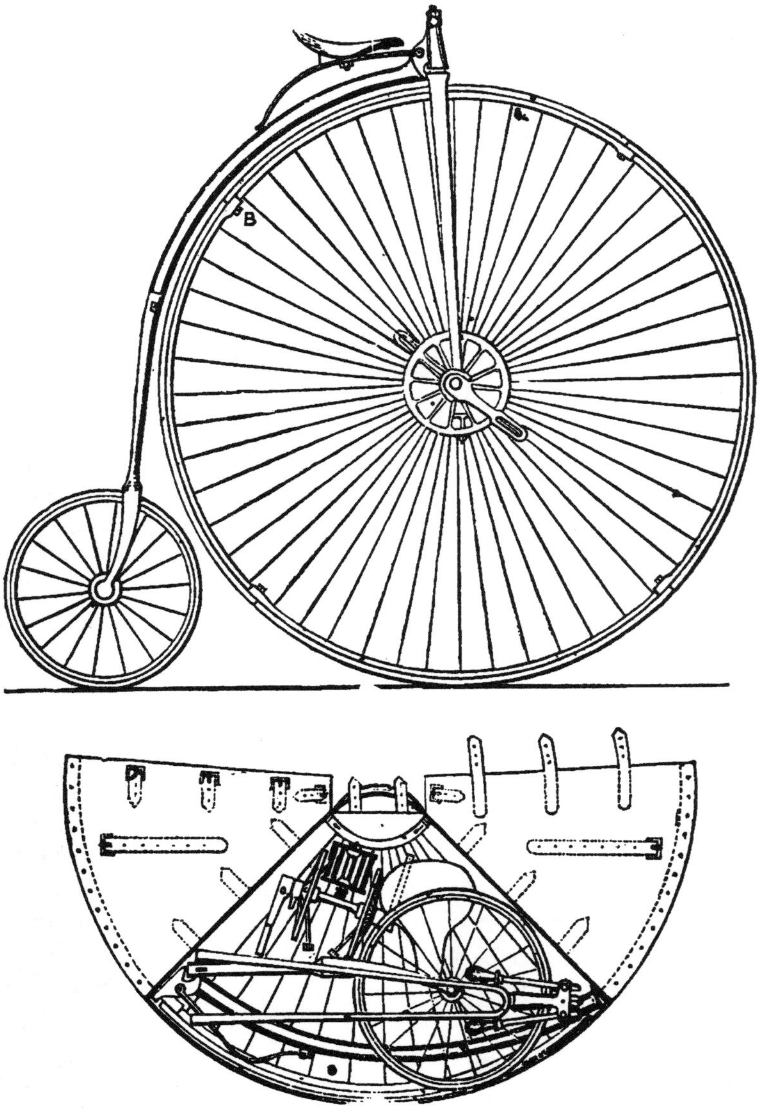

The Grout Portable bicycle

1878 präsentierte W.H.J. Grout ein zerlegbares Hochrad. Es ist eines der ersten Falträder in der Geschichte des Fahrrades. Bild aus: It's in the bag, 1996

The Faun Gent's folding cycle (above) and the Lady's model (folded, below)

Falträder gab es für die Dame und den Herrn. Hier eine Anzeige von Faun. Bild: Faun Katalog, aus: It's in the bag, 1996

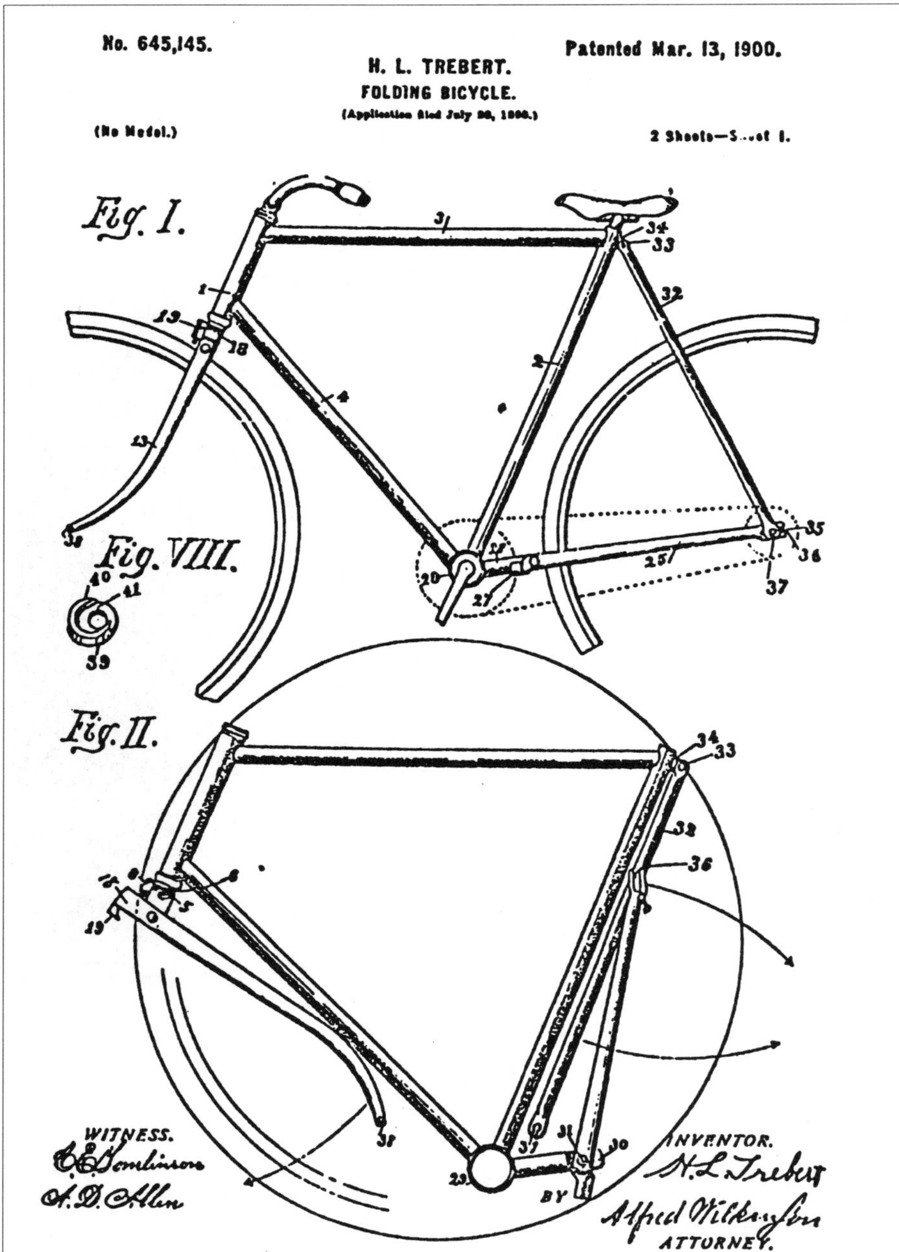
No. 645,145.
H. L. TREBERT.
FOLDING BICYCLE.
Patented Mar. 13, 1900.
(No Model.)
Fig. I.
Fig. VIII.
Fig. II.
WITNESS.
INVENTOR.
H. L. Trebert
BY
ATTORNEY.

dieses Patent und zwei weitere (No 378.643 und No 379.017) an die Pope Manufacturing Company of Portland, Maine ab.
1889 patentierte Thomas O'Brien aus New York ein Faltrad, das auch für die Röcke tragenden Frauen – niedriger Durchstieg – geeignet war (Patent No 413.415).

Falträder und das Militär

Die Entwicklung des Fahrrades im Kriegswesen ist auf militärische Art peinlich genau festgehalten und bietet hinreichend Material für ein eigenes Buch. Schon das »Hobby-Horse« wurde 1851 in militärischen Einsatz genommen. Die britischen Truppen liefen auf ihm in Neuseeland in die Schlacht. 1870/71 dienten Michaulinen im deutsch-französischen Krieg für Kurierdienste. Der militärische Einsatz von Rädern impliziert einen Transport. Schließlich ist die Front nicht immer »vor der Haustür« und mit dem Kampfrad erreichbar. Die Entwicklung von leicht zu transportierenden Rädern war somit eine Voraussetzung und Konsequenz der militärischen Nutzung von Fahrrä-

Soldat mit geschultertem Faltrad.

◀ *Henry Treberts Ansatz unterschied sich von anderen seiner Zeit. Er beließ das Dreieck der Hauptrohre starr. Das Packmaß verringerte sich, indem die Gabel vom Gabelkopf aus nach hinten bis zum Unterrohr geklappt und die Kettenstreben hinter dem Tretlager hinauf zum Sitzrohr umgelegt wurden. Die Sitzstreben gelangten auf die gleiche Weise auf das Sitzrohr. Bild aus: The Wheelman, Mai 1992*

dern. Zu dieser Zeit war das Fahrrad auf einer guten Straße nachwievor ein schnelles Fahrzeug ... Selbst auf schlechten Straßen konnten Radfahrer 60 bis 70 Kilometer an einem Tag zurücklegen. Marschierende Truppen brachten es allenfalls auf die Hälfte.

Militärstrategisch kam noch ein weiterer Aspekt hinzu. Fahrräder erhöhten die Mobilität und boten so den Vorteil des Überraschungsmomentes. Beliebt waren die Radler auch als Verbindungsposten zur Nachrichtenübermittlung und als Fährtensucher und Späher. Sie radelten vor den Truppen, um die Wegqualität für die schweren Fahrzeuge auszuloten oder eskortierten die motorisierten Wagen. Im Gefecht überbrachten sie Nachrichten aus der vordersten Front in die zurückliegenden Kommandozentralen. Radelnde Soldaten verlegten Telegraphenkabel, führten Ablenkungsmanöver und Sabotageaktionen durch und leisteten Erste Hilfe bis hin zum Abtransport der Verletzten vom Schlachtfeld.

Nach dem Vergleichsrennen »Wien-Berlin« zwischen Radfahrern und Berittenen, das Radfahrer mit sensatio-

Zusammenlegbare Fahrräder in der deutschen Armee (aus Illustrierte Chronik der Zeit, Radfahr-Galerie Walter Euhus)

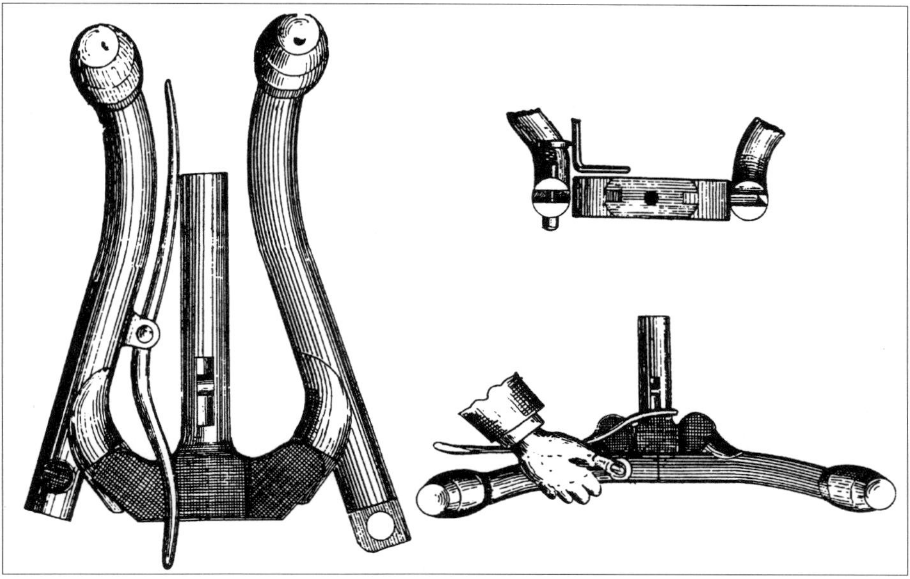

Bereits 1906 begann die Entwicklung des Militärrades der Österreichischen Waffenfabrik-Ges. Steyr. Es handelte sich dabei im wesentlichen um einen modifizierten Lizenznachbau eines Militärrades des italienischen Fahrradproduzenten Giuseppe Rossi. Hier eine Zeichnung des klappbaren Lenkers. Bild aus: Ulreich, Das Steyr-Waffenrad

nellem Vorsprung gewannen, etablierte sich das Fahrrad im Militär. Im Burenkrieg von 1899 hatten die britischen Fahrradcorps ihre erste Bewährungsprobe zu bestehen. Pferde konnten dem dort herrschenden Klima kaum standhalten, so waren die Stahlrösser eine willkommene Alternative. Die Soldaten nutzten unter anderem Dursley-Pedersen-Räder.

Einige Militärräder begnügten sich damit, von Gabel, Lenker und Vorderrad befreit, leichter transportierbar zu sein. Wesentlich kleiner hingegen war das Packmaß des »Gérard« Rades aus Frankreich. Major Gérard in St. Quentin hatte sich lange um die Einrichtung von Fahrradtruppen bemüht. Schließlich hatten die Franzosen 25 Kompanien mit Velos. Sie nutzten das vom Major Gérard entwickelte Spezial-Rad. Es wog nur 14 Kilogramm, der Sattel lag direkt über dem Hinterrad, und eine teilbare Stange führte zum Steuerkopfrohr. Die Laufradgröße betrug 26 Zoll. Die Firma Charles Morel in Domène

Diamantrahmen mit Klappvorrichtung – die meist genutzte Lösung bei Militärrädern.

im Departement Isère übernahm die groß angelegte Produktion. Übrigens gab es in Deutschland ab 1896 ein Rad der Firma Seidel & Naumann aus Dresden, das dem Gérard stark glich. Im Unterschied zum Gérard hatte es zwei teilbare Rohre zwischen Steuerkopf und Sitzrohr. Diese Besserung übernahm Major Gérard für sein Modell noch im gleichen Jahr.

Mikael Pedersen

Mikael Pedersen ist eine der schillerndsten Personen in der Fahrradgeschichte. Sein Pedersen-Rad stellte eine in sich schlüssige und sinnvolle Alternative zum Diamantrahmen dar. Der ruhelose Erfinder Pedersen versuchte durch die Entwicklung eines klappbaren Militärmodells neue Märkte zu erschließen. Im März des Jahres 1901 berichtete die Dursley-Gazette: »Der Erfindergeist von Mr. M. Pedersen hat mit der Produktion eines unglaublich funktionellen Armeerades eine neue Richtung erhalten.« Das Rad wurde bald um einen Gewehrhalter ergänzt.

Mit der beschleunigten Entwicklung des Automobils und der Motorräder sowie geänderten Kriegsstrategien verlor das Fahrrad im Militärbereich an Bedeutung. Der Zweite Weltkrieg bedeutete kein reinrassiges Revival des Militärrades.

Nach dem Ersten Weltkrieg nahmen viele Armeen von der Idee der radelnden Soldaten Abstand und wandten sich dem aufkommenden Automobil zu. Andere schlossen sich diesem Trend an, behielten die »cycling soldiers« aber bei. Räder, die die blutigen Schlachtfelder des Ersten Weltkriegs durchfahren haben, wurden nicht selten baugleich auf die Felder des Zweiten Weltkrieges kommandiert.

Wachtelbrenner

1902 patentierte ein Waldemar Nicolei Wachtelbrenner in Hamburg ein Faltrad, das in bezug auf das Packmaß auch heute noch Akzente setzen dürfte. In einem Geigenkasten hat »das Wachtelbrenner« geräumig Platz. Der Konstrukteur verzichtet auf einen Sattel, die Tretschenkel sind derart kurz, daß eher von einer Kippelbewegung, denn von einem Kurbelantrieb die Rede sein kann. Mit Ausnahme des sehr langen und dünnen Lenkervorbaus ist diese Konstruktion durchaus realisierbar. Ulrich Herzog kommentiert in seinem Buch »Fahrradpatente«: »Wunderbar müssen sich die verblüfften Gesichter der Mitmenschen ausnehmen, wenn man an der Bushaltestelle sein Tennisschlägerfutteral öffnet, das ›Original Wachtelbrenner‹ entfaltet und lässig wippend davonschnurrt ...«

Die Patentzeichnung könnte auch Pate bei der Entwicklung des »Maderna City Scooter« (1995) gestanden haben.

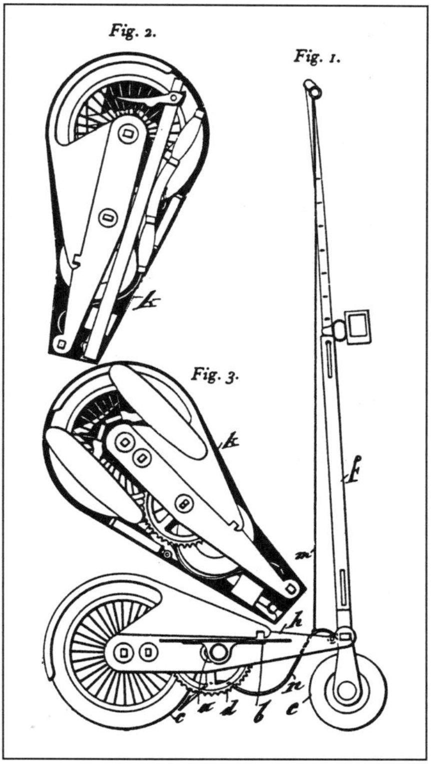

Interessanterweise erlebten die Falträder in den zwanziger Jahren eine Entwicklungsstagnation. Es sind kaum Konstruktionen und Produktionen bekannt. »... eine Zeitspanne, in der es fast keinen Bedarf an Falträdern gab: Als das Fahrrad als Massenverkehrsmittel akzeptiert wurde und in den Eisenbahnen und Schiffen genug Platz für die stählernen Begleiter war«, so stuft Juliane Neuß (siehe Faltliegeräder) diese Epoche ein. Es ist zu ergänzen, daß die Weltwirtschaftskrise ihre Schatten bereits warf; deshalb mangelte es schlicht an Käuferkraft und Geld für derlei Entwicklungen und Produktionen.

Laut eines Berichtes im »Radmarkt + Reichsmechaniker« Ausgabe Nummer 2466 gab es in den USA schon 1938 zivile Falträder, die für die Kombination mit Automobilen konstruiert waren. Das Warenhaus John Wanamaker in New York hatte ein solches Rad im Programm. Für die

Ein Militärrad aus dem Ersten Weltkrieg. Deutlich erkennbar ist das massive Gelenk in der Mitte des Diamantrahmens. Bild: Folding Society

Produktion zeichnete die Compax Manufacturing Co. in New York verantwortlich. Dem Bericht zufolge konnte das Rad im Hauptrahmen geklappt werden und klappbare Pedale standen kurz vor der Markteinführung. »Das Gewicht des Rades beträgt 38 lbs.; angeblich besteht auch seitens der US-Army Interesse an seiner Verwendung«, ist in der Zeitungsmeldung zu lesen. Der Vertrieb wurde auf andere Warenhäuser und den Export ausgeweitet.

BSA Paratrooper

Dieses Faltrad wurde 1940 in England erstmals gebaut und bei einer Ausstellung des Ministeriums für Kriegsausrüstung gezeigt.

Heute noch unter dem Namen »Galaxe« in den Fahrradläden zu finden, ist das BSA Paratrooper eines der berühmtesten Falträder der Geschichte. Die Firma Birmingham Small Arms stellte das Rad her. Im Herbst 1941 erkundigte sich das War Office nach einem Fahrrad, das zum Einsatz mit Fallschirmspringern dienen sollte. Die Vorgaben waren niedriges Gewicht (weniger als 23 lbs, etwa 10,5 Kilogramm), hohe Stabilität und Eignung für Strecken von bis zu 50 Kilometern. Was die Stabilität des Rades angeht, hatte das Ministerium genaue Vorstellungen: »Capable of standing being dropped by a parachute (the equivalent of an ordinary drop of about 20 ft.)«, so schreibt es »Icarus« in »The Cyclist« vom September 1941.

Der Diamantrahmen eignete sich nach Ansicht der BSA-Konstrukteure für derartigen Leichtbau nicht, so entwickelten sie den geschwungenen Doppelrohrrahmen, welcher das charakteristische Merkmal des Paratroopers ist. In der Mitte des Oberrohres und im unteren Drittel des Unterrohres am Tretlager befindet sich je ein Gelenk, das mittels einer Flügelschraube fixiert wird. Wird das Rad zusammengeklappt, überlappen beide 26-Zoll-Laufräder. Ein Lederriemen sichert das Paket. Statt aus einer Trittfläche bestanden die Pedale lediglich aus einer Stange, die durch den Schenkel hindurch zum Rahmen hin gedrückt werden konnte und so das Packmaß verkleinerte, sowie Beschädigungen beim Aufprall vermied. Seinen ersten Einsatz hatte das Rad bei den französisch-kanadischen Truppen in

1942 unternahm das War Office ausgiebige Tests mit dem Paratrooper von BSA. Eine erste Bestellung über 15.000 Räder ging im Juni bei BSA ein.

Burma. Einige Tausend dienten bei der Invasion in Nordafrika. Die »D-Day«-Fallschirmspringer nutzten das Paratrooper ebenfalls, um sich schleunigst aus dem Gefahrengebiet der Absprungzone zu entfernen. Insgesamt kamen über 60.000 Räder zum Einsatz.

Das Rad wurde mit einem separaten Fallschirm abgeworfen, dieser mußte strikt nach Anleitung gefaltet werden. Er war an den Laufrädern befestigt. Sattel und Lenker zeigten nach unten. Sie sollten so weit als möglich ausgezogen und nur leicht festgeschraubt sein. Beim Aufprall schoben sie sich ins Sitz- beziehungsweise Gabelschaftrohr hinein und absorbierten einen Großteil der Aufprallenergie. Das Rad separat vom Fahrer abzuwerfen, erscheint auf den ersten Blick ungeschickt. Am Boden angekommen, muß man sich erst ein Fahrrad suchen, bevor die »Reise« losgehen kann. Bedenkt man allerdings, welche Belastungen die Fallschirmspringer bei der Landung aushalten müssen, so ist verständlich, daß man ihnen keine weiteren 11 Kilogramm zumuten wollte. Zumal das Rad auf dem Rücken ein Abrollen ausschloß und das Fahrrad sich in den Leinen des Fallschirms hätte verfangen können. Der Absprung aus den teilweise sehr engen Flugzeugtüren wäre mit dem Rückengepäck ebenfalls erschwert worden.

Eine zweite Variante bestand darin, das Paratrooper auf dem Bauch zu tragen und, nachdem der eigene Fallschirm sich geöffnet hatte, fallen zu lassen. Es baumelte dann an einem Seil etwa 5 Meter unter dem Fallschirmspringer. Beim Aufprall mußte der Springer allerdings aufpassen, nicht direkt auf dem Rad zu landen. Bei den britischen Streitkräften gab es sogenannte PJI (Parachute Jumping Instructors), die das richtige Verhalten lehrten. In dem entsprechenden Buch (»Official Jumping Instructions for the Airborne Folding Bicycle«) gab es eine reichhaltig bebilderte Anweisung.

Nazideutschland nutzte das Fahrrad ebenfalls im Krieg. Deutsche Fahrradreifen mit Hakenkreuzprofil drückten sich in den Boden Polens und Rußlands. Das Adler-Kriegsklapprad von 1896 wurde wieder aufgelegt, um der Kriegsmaschinerie genügend fahrbare Untersätze zu liefern.

Kaiser Swing Rad

In einem Bericht der Welt vom 4.10. 1949 wird das »Kaiser Swing Rad« vorgestellt. Das Rad eines Münchener Konstrukteurs ist mit einer Heckfederung ausgestattet. Ihre Basis ist ein 300 Gramm schwerer Vollgummiblock. Desweiteren kann das Rad zerlegt werden. Dafür wird die Hinterschwinge abgenommen. Nach Angaben des Konstrukteurs stehen Lizenzvergaben in die USA und Großbritannien kurz vor dem Abschluß und ein europäisches Land sei interessiert, das Rad für das eigene Militär zu kaufen. Ein Herrenrad in Laufradgröße 28 Zoll läßt sich auf 95 x 90 x 23 Zentimeter zusammenklappen. »Der Rahmen für Herren- und Damenräder kostet einschließlich Stoßdämpfer im Kleinhandel DM 75,–, also nicht mehr als andere Rahmen auch«, heißt es in dem Artikel.

Entgegen der heute vorherrschenden Meinung waren noch in der Mitte der sechziger Jahre nahezu die Hälfte der Falträder mit großen (26/28 Zoll) Laufrädern ausgestattet. Sie waren unter anderem von den Firmen Falter, Göricke, Gritzner, Panther, Schminke, Victoria und Westerheide erhältlich. Meist unterschieden sie sich nur geringfügig von ihren starren Geschwistern.

Erste Falträder mit kleinen Laufrädern

Der bisher geschilderte Verlauf der Geschichte des Faltrades konzentierte sich auf Modul-Bikes mit großen Laufrädern. Doch ist es falsch zu glauben, daß das Faltrad auf kleinen Rädern eine Erfindung der »Klapprad-Welle« in den sechziger und siebziger Jahren war. Anhand der folgenden Vorstellung verschiedener Modelle läßt sich zwar keine Entwicklunglinie »kleinrädriger Falter« nachzeichnen, doch kann man die Wurzeln des modernen Faltrades erkennen.

Die Idee, ein Rad mit kleinen Laufrädern zu konzipieren, ist alt. Auf einem Foto des »Sharrow CC« (ein britischer lokaler Fahrradclub) von 1899 findet sich ein Fahrrad für Erwachsene mit etwa 2,5 Zoll breiten Reifen, die etwa 40 Zentimeter im Durchmesser haben.

Le Petit-Bi (1938)

Die Konstruktion des Rades ermöglicht einen vereinfachten Transport. Von einem Klapprad heutigen Verständnisses kann jedoch nicht die Rede sein. Lediglich der Lenker wurde umgeklappt und die Sattelstütze eingeschoben. Das Rad war in seiner Gesamtkonstruktion jedoch recht kompakt. Ein sehr kleiner Rahmen mit einem vorgerückten Tretlager und nahezu 90 Grad Sitzrohrwinkel sowie der Radstand von weniger als einem Meter machten das Velo recht kompakt. Das Tretlager lag etwa 22 Zentimeter vor dem Sattel. Die Laufräder maßen schätzungsweise 16 Zoll. Wer das Rad abstellen wollte, kippte es um 90 Grad und das Rad stand senkrecht auf den Gepäckträgerstreben. Andre Marcelin aus Paris baute das Rad kurz vor dem Zweiten Weltkrieg.

Katakura Silk (1955)

Dieses Modell der Katakura Cycle & Co wurde zu Beginn der 60er auch nach Deutschland exportiert. Die Japaner produzierten für den Militärgebrauch seit 1955 das »Katakura Silk«, ein kleines Faltrad auf 16-Zoll-Rädern. In Europa wurde dieses Rad als Einkaufs- und Autorad verkauft. Der Grossist Jung & Volke vertrieb die Version mit 20-Zoll-Rädern in Deutschland mit großem Erfolg.

Graziella-Piccolo

Es kann als Begründer der »Klappradära« gelten. Das erste kleinrädrige Faltrad der Nachkriegszeit in Europa kommt aus Italien: Das Graziella-Piccolo von Theodore Carnielli, 16 Zoll Raddurchmesser, ein Einrohr-Rahmen mit tiefem Durchstieg und Gelenk. 1957 importierte die Kölner Firma B. Goldberg das Rad nach Deutschland. Für das Graziella-Piccolo war das Katakura Silk aus Japan eine ernstzunehmende Konkurrenz. Doch dabei sollte es nicht lange bleiben. Produktionen aus der Tschechoslowakei (z.B. von Eska), Belgien und Ungarn sorgten für Preisdruck auf dem Markt. Ein Tiefpunkt war 1969 erreicht, als etwa DM 100,– für ein solches Fahrrad ausreichten. Von Qualität in Verarbeitung, Material, Gebrauchswert oder Design konnte schon lange nicht mehr die Rede sein.

Aus den USA ist das »Porta Cycle« bekannt. In der US-amerikanischen Zeitschrift »Road & Track« wurde es

Elfriede Rinkowski auf dem Camping-Rad ihres verstorbenen Gatten Paul Rinkowski. Das Rad hatte im Original Holzfelgen und Gürtelreifen. Bild: Harry Hoffmann

im September 1961 vorgestellt. Für US$ 69.50 erhielt der Kunde von »Wico« ein »Instant Bicycle«. Zur Wahl standen die Farben schwarz und weiß. Ständer, Bleche, Gepäckträger und Federsattel gehörten zur »Serienausstattung«.

Paul Rinkowski (siehe Rollwiderstand) entwickelte im Jahre 1962 ein Faltrad. Er nannte es »Campingrad«. Es paßte in den Kofferaum des Trabbis. Auf Basis sehr kleiner Laufräder (12 Zoll) mit Bereifung in Gürtelreifen-Technik und Holzfelgen hatte das Rad einen sehr kleinen Diamantrahmen. Durch eine lange, versenkbare Sattelstütze paßte das Rad auch großen Fahrern. Der Lenker bestand aus zwei langen Rohren, die durch eine Klemmung hindurch neben das Vorderrad verschoben wurden, um dann in Laufrichtung »die Ohren anzulegen«. Der Rahmen blieb ungeteilt. In der »AZ« vom 1.8.1966 ist Paul Rinkowski mit seinem Rad abgebildet. Der Artikel kündigte eine Serienproduktion in Ungarn an, welche jedoch nie stattfand.

»Pony National Falträder + Heimtrainer aus vielen europäischen Ländern« heißt es auf dem Deckblatt der Broschüre von Jung & Volke aus Düsseldorf, das auch 16 Modelle ziert. Die Firma beschreibt in den Geschäftsunterlagen von 1966 sehr treffend die Stimmung der deutschen Händler und Hersteller – vielleicht der ganzen Radszene überhaupt:

»Moderne Pony-Faltzweiräder National im Stil unserer Zeit –

Das Fahrrad der Zukunft hat kleine Raddurchmesser.

Ähnlich wie vor 20 Jahren der Vespa-Roller Schrittmacher für das motorgetriebene Zweirad mit kleinen Rädern war, werden die neuen Pony-Falträder die Entwicklung der Zweiräder wesentlich beeinflussen.

Räder mit kleinem Raddurchmesser . . . laufen wesentlich leichter und sind auf Straßen verkehrssicherer. Ihr Verwendungszweck ist fast unbegrenzt für jedes Alter, jeden Beruf und jede Transportart.

Selbstverständlich sind moderne Fahrräder faltbar. Sie lassen sich auf kleinste Packmaße zusammenlegen oder auseinandernehmen.

Ohne Zweifel stellen sie den bedeutendsten Fortschritt im Fahrradbau dieses Jahrhunderts dar . . .«

. . . Wären da nicht noch die Mountainbikes, Liegeräder, BMX-Räder, Triathlon-Maschinen und viele andere Konstruktionen mit dem gleichen Anspruch ihrer Erfinder gekommen.

Im Anschluß wurden in den Unterlagen zehn Modelle vorgestellt, aus heutiger Sicht allesamt Vertreter der Gattung »Klappräder«: Schwer, zwischen 14,4 und 18,5 Kilogramm, und minderwertig ausgestattet.

Der Marktanteil derartiger Modelle lag in den Jahren 1967 bis 70 bei etwa 50 Prozent!

MIFA

Ähnliches läßt sich auch für die DDR vermuten. Dort war das MIFA-Klapprad Typ 901 lange Zeit das einzig verfügbare Rad. Man konnte sich glücklich schätzen, überhaupt ein Fahrrad zu ergattern, daher stellte sich die Frage nach Modell und Farbe nicht. In einem Punkt kam das 901 dem Versorgungsengpaß entgegen: Die Rahmenform war Unisex und die Größe samt Sattelstütze ließ sich auf fast jede Beinlänge anpassen. Das Rad wurde im VEB MIFA-Werk Sangerhausen bis in die achtziger Jahre produziert und gehört noch heute zum Straßenbild ostdeutscher Städte.

Unterhalb der Radgröße von 20 Zoll bauten in Deutschland nur wenige Hersteller und die Angebote aus dem Ausland wurden auch meist mit 20 Zoll offeriert. Das bereits angesprochene Silk aus Japan kam in Deutschland nur als 20-Zoll-Version zu kommerziellen Ehren. Die Panther-Werke in Braunschweig brachten das »Panther-Pfiff« auf den Markt, und Hercules gewann mit einem 20-Zoll-Modell den »Bundespreis für gute Form 1974«.

Im gleichen Jahr veranstaltete die »Japanese Design Promotion Organization« in Kooperation mit dem »Japan Bicycle Promotion Institute« einen Design-Wettbewerb. Es wurde in drei Gruppen unterschieden: »Utility«, »Sport and pleasure« und »Fantasy«.

Den zweiten Preis erhielten zwei japanische Faltraddesigns. Eines davon nimmt die X-Frame-Form der Designstudien von Sir Clive Sinclair aus den beginnenden neunziger Jahren vorweg. Die X-Frame-Form war bei dem japanischen Modell lediglich um eine Steuerkopfpartie ergänzt.

Alex Moulton

Die Erfindung des Dr. Alex Moulton gehört zu den Meilensteinen der Fahrradgeschichte. Dieses Radkonzept stellt das traditionelle Diamant-Prinzip in Frage, wie es sonst nur ein anderer Konstrukteur vermochte, der Däne Mikael Pedersen. Es ist kaum möglich, die gesamte Bandbreite des Phänomen Moulton hier abzuhandeln, dafür ist die Sachlage zu komplex und breitgefächert. Interessierten Lesern empfehle ich die beiden Bücher von Tony Hadland, die auch Grundlage für das hier Folgende sind.

1962 wagte sich Alex Moulton erstmals mit seinem Rad an die Öffentlichkeit. Es entstand in einer Zeit,

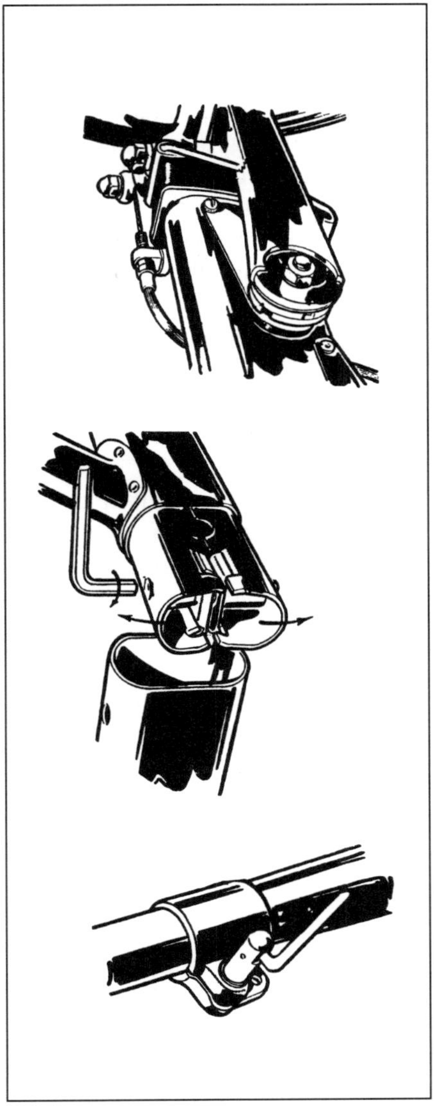

Das Moulton bot revolutionäre Technik im Fahrradbereich, als es 1962 eingeführt wurde. Zeichnung: Moulton, Cycling Magazin Dezember 1962, aus: It's in the bag, 1996

als die britische Regierung (durch die Suez-Krise bedingt) Benzin rationieren mußte und sich deshalb ein erstes Bedürfnis nach sparsamen Autos und Autoverzicht breitmachte. Alex Moulton selbst kaufte sich damals (1956) ein leichtes Hetchins-Rennrad und befand schon kurz danach, daß das Fahrrad noch Entwicklungspotential hätte. Auf der Fahrradmesse in London zeigte er sechs Jahre später sein neuartiges Rad. Die Reaktionen des Fachpublikums und der kundigen Presse waren überwältigend. In der Tat lesen sich die Eigenschaften und Ansprüche des Rades wie das Anforderungsprofil einer modernen Designstudie:

- Unisex-Rahmen
- sehr guter Fahrkomfort
- Effizienter Antrieb
- stabile und »schwerpunktgünstige« Gepäckträger
- Gangschaltung

Der Weg zum ersten Modell war recht weit und von vielen Versuchen in allerlei Richtungen geprägt. Moulton hatte Liegeräder gebaut und Aluminiumkastenkonstruktionen erprobt, um schließlich zur klassischen Haltung und zum klassischen Rahmenmaterial Stahl zurückzukehren. Was er daraus machte, wich allerdings stark von dem ab, was es bisher gegeben hatte. Die Räder hatten spezielle 16 Zoll durchmessende Hochdruckreifen (Rollwiderstand wie herkömmliche 28-Zoll-Räder), Vollfederung und einen niedrigen Durchstieg. Die Rahmenform und -größe paßte für beide Geschlechter im Alter von 10 bis 80 Jahren. Besonders die Federung überraschte die Fachwelt, war diese doch bis dato ein Merkmal des Automobils und bei Fahrrädern fast unbekannt. Know-how konnte Moulton auf diesem Gebiet vorweisen. Er zeichnet für die Federung des berühmten Austin Mini und der Concorde verantwortlich. Seine Familie hatte jahrzehntelang eine Gummifabrik besessen, also war er mit diesem Werkstoff vertraut.

Nachdem erste Gespräche mit Raleigh (GB), dem damals weltgrößten Fahrradhersteller, scheiterten, weil die Entscheidungsträger das Konzept für unwirtschaftlich befanden, arrangierte Moulton eine eigene Herstellung seines Rades. Den Anfang nahm dies auf dem Familienanwesen in Bradford-on-Avon. Die Verkaufszahlen der ersten Jahre gaben Alex Moulton recht, über 100.000 Moultons rollten Mitte der sechziger Jahre über die Straßen und Pisten dieses Planeten. Zeitweise war Moulton der zweitgrößte Fahrradhersteller in Großbritannien.

Mit den billigen Klapprädern jener Zeit wurde unerbittlich der Ruf kleiner Laufräder ruiniert. Dem entgegen setzte sich Alex Moulton für Qualität in Design und Material ein. Er verbesserte seine Räder fortwährend. Die Konkurrenten am Markt bauten billige Räder, die nicht gut

Raleigh brachte mit dem RSW Compact 16 eine starre, ungefederte und klägliche Imitation auf den Markt, um dem revolutionären Moulton Paroli zu bieten. Es blieb bei einem Versuch . . .

fuhren, während Alex Moulton Räder baute, die sich sehr gut fahren ließen, aber aufwendig zu fertigen waren. Nicht weniger als ein halbes Dutzend verschiedener Modelle waren auf dem Höhepunkt der Produktion im Programm. Als logische Konsequenz folgte 1965 das teilbare MS5 Stowaway. Zu einem Fahrrad für alle Gelegenheiten gehörte schließlich auch die Option, es problemlos mitnehmen zu können. Schließlich verkaufte Moulton das Konzept doch an Raleigh und es nahm ein klägliches Ende. Das hochwertige Radkonzept wurde zugunsten eines geringen Verkaufspreises mehr und mehr ausgehöhlt, vegetierte einige Jahre dahin und endete als Kinderrad. Erstaunlicherweise stand Dr. Alex Moulton diesem Niedergang als technischer Berater bei Raleigh zur Seite. 1977 stellte Raleigh die Produktion ein. Was betriebswirtschaftlich zunichte gemacht wurde, hatte die Fahrradwelt nachhaltig verändert und erstmals einen gangbaren Weg in Richtung zukunftsweisender Fahrräder nicht nur angedacht sondern vorgemacht.

Doch Totgesagte leben länger. 1982 kam Alex Moulton samt der zweiten Generation seines Rades aus der Versenkung empor: Mit edelsten Komponenten versehen, in aufwendiger und supersteifer (weil dreidimensionaler) Gitterrohrkonstruktion und mit serienmäßigem Zerlegemechanismus präsentierte er das neue Moulton. Moulton möchte damit nur noch den High-End-Markt bedienen, was bei Preisen damals oberhalb von DM 2.000,– (heute: DM 5.000,– bis 12.000,–) einleuchtet. Für naturverbundene Menschen mit Regenjacke ist dieses Rad eine echte Autoalternative. Auch bei seinem zweiten Auftritt mußte Moulton

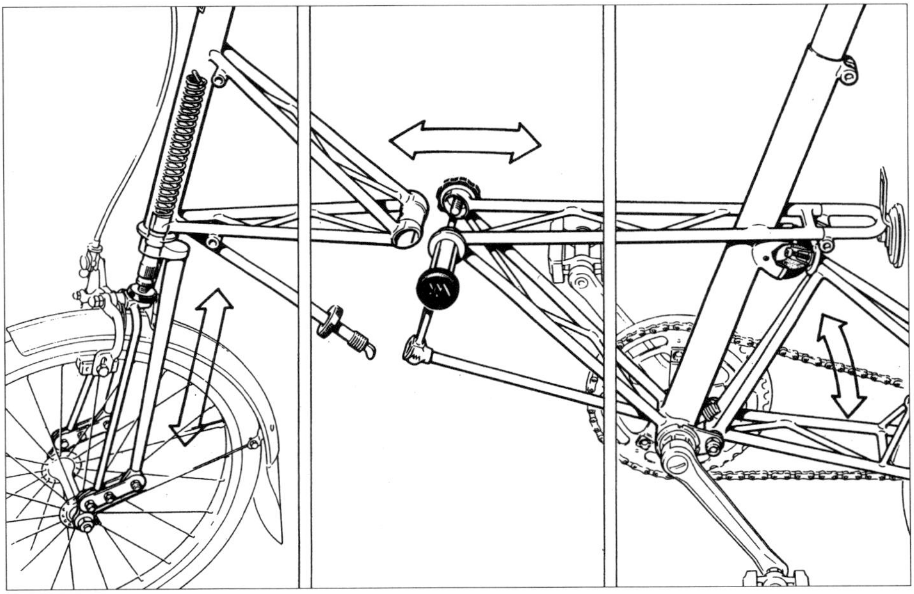

Aspekte, die das Moulton einzigartig machen: Vorderradfederung, Teilbarkeit, Hinterradfederung, modulare Gepäckträger und Gitterrohrrahmenkonstruktion. Bild: A. Moulton

gegen die Vorurteile bezüglich kleiner Laufräder kämpfen. Studien und sportliche Erfolge (siehe Sport) waren sein Rüstzeug. Kein anderes faltbares Fahrrad konnte je Rennen im traditionellen Radsport, im Triathlon und bei den HPVs für sich entscheiden. John Woodburn fuhr bereits 1962 auf einem Moulton einen Rekord auf der in England berühmten Strecke Cardiff-London. Zum Ende der achtziger Jahre sorgte Richard Grigsby mit seinem Moulton Speed für Aufruhr, Triathleten der nationalen Elite sahen auf der Radstrecke nur sein kleines Hinterrad. Im HPV-Bereich hält das von Doug Milliken verschalte Moulton den Sprint-Rekord über 200 Meter für Räder der aufrechten Fahrposition (Fahrer Anthony Peden) und brach 1991 den 24-Stunden-Weltrekord (808 km, Fahrer RAAM 92 Gewinner Gerry Tatari).

Bereits 1988 präsentierte Alex Moulton ein vollgefedertes Moulton auf 20-Zoll-Rädern, das für den Geländebetrieb gedacht war – aus Sicht der Historiker ist es als das erste kommerzielle vollgefederte Mountainbike der Welt einzustufen. Als APB (All Purpose Bike) wird das Rad von Pashley in Lizenz gebaut und kommt bei gleicher technischer Vielfalt für unter DM 3.000,– in den Handel.

Moulton verstand und versteht sein Fahrrad als ein Allzweck-Modell. Moultonbesitzer benötigen kein zweites Fahrrad. Mit dem Moulton-Rad kann man ebenso zum Einkaufen fahren wie auf eine Weltreise gehen. An der Startlinie eines Radrennens fühlt man sich so heimisch wie auf einer Tour durch den Wald. Modulares Zubehör wie Windschilder, eine große Auswahl an Gepäckträgern und Taschen und anderes nützliches Accessoire runden die Radidee ab. Keinesfalls darf das Moulton als Klapp- oder Faltrad herabqualifiziert werden, die Zerlegbarkeit ist lediglich ein Aspekt im Anwendungsgebiet der kleinen Hochdruckflitzer.

Die »Klappradwelle« und ihre Folgen

Ende der sechziger Jahre gab es im Faltradbereich abgesehen von Dr. Alex Moulton und einigen Designer-Studien keinerlei innovative Entwicklungen. Dennoch trug die Klappradwelle Früchte, von denen wir heute profitieren. Nach einem Überblick über die »Klapperkisten« werden die federführenden Konstrukteure vorgestellt. Anhand dieser Persönlichkeiten und ihrer Fahrzeuge lassen sich zwei rote Fäden erkennen (hier als »amerikanischer« und »kontinentaler« Ansatz bezeichnet), die gegen Ende der achtziger Jahre in ein umfassenderes Faltradverständnis münden.

Der Marktanteil der Klappräder hatte in Deutschland in den Siebzigern schwindelerregende Höhen erreicht und ebbte anschließend schnell ab. In der Zeitschrift »Absatzwirtschaft« Nummer 11/1980 beziffert eine Tabelle den Marktanteil der Klappräder wie folgt:

1975	35 Prozent des Fahrradabsatzes
1976	21
1977	15
1978	11*
1979	7,5*

* = in diesen Jahren wurde das Klapprad bereits mit anderen Fahrradtypen in einer Gattung gewertet.

1972, als die Verkaufszahlen noch sehr hoch sind, setzen in den Medien bereits die ersten kritischen Töne ein: »Entsprechend der ... zu beobachtenden Entwicklung tritt auch am deutschen Markt das Klapprad zugunsten der Sport- und Renn-

John Barnes entwickelte in den sechziger Jahren einen sehr kompakten Falter mit extrem kleinen Laufrädern. Das Rad maß zusammengelegt 61 x 38 x 5 Zentimeter und wurde im April 1967 patentiert.

räder etwas zurück.« (FAZ 18.9.1972). Dies war Ausdruck einer Unzufriedenheit breiter Käuferschichten, die auf das Versprechen eines »Multi Purpose Bikes« hereingefallen waren und ein Klapprad kauften. Zwar ist richtigerweise anzumerken, daß es dieses Rad eigentlich ja auch gab – in Form des Moulton –, doch hatte die Mehrheit der Käufer eine billige Sparversion (in Preis, Technik und Anwendbarkeit) dem funktionstüchtigen Moulton vorgezogen.

»Das Klapprad kam auf – mit dem Auto ins Grüne, Rad auspacken und losstrampeln – eine Illusion: Für den Gepäckraum des Familienwagens ist es meist zu groß, draußen fährt sich's auf kleinem Rad schlecht. Die Kleinrädrigen sind große Mode – sie zeigen, daß man nicht aus Armut radfährt. Doch Erfahrung macht klüger. . . . im Urlaub leiht man sich besser ein Rad, als den Kofferraum zu opfern«, heißt es in der »Mot« Ausgabe 8/74. Der gesamte Artikel konnte als »Plädoyer für das große Laufrad« verstanden werden.

Versandhausangebote jener Zeit sind wirklich abschreckend: Über dem Rad schwebt das sicherheitsverheißende Prüfsiegel des TÜVs und freudig lacht

Dieses Rad weist die typischen Merkmale eines Klapprades der sechziger Jahre auf: tiefer Durchstieg, einfacher Klappmechanismus, schwerer und schlecht gefertigter Rahmen, schlechte Laufräder . . .

ein »DM 169,–« den preisbewußten Kunden an. So lockte das Versandhaus Quelle die Kunden im Frühjahr/Sommer-Katalog 1974 (S. 547). Fahrradfachmann Albert Herresthal faßt die Epoche treffend zusammen: »Dieser (Verkaufsboom) wurde allerdings von einem Typus getragen, der kaum noch ernsthaft als Fahrrad bezeichnet werden kann: dem Klapprad. Es hatte meist 16- oder 20-Zoll-Laufräder. Der Wirtschaftswunder-Bundesbürger hatte sich einen Wohlstandsbauch angefressen. So wollte er während des Urlaubs (mit dem Auto, versteht sich) wenigstens beim Brötchenholen seine Sportlichkeit unter Beweis stellen. Das Klapprad mußte also bequem in den Kofferraum passen, sich im Handumdrehen montieren lassen und durfte nicht viel kosten – es war ja ›nur‹ ein Rad.

Die Klappräder jener Zeit waren unter den Gesichtspunkten Fahrkomfort und Ergonomie so schlecht, daß der Begriff ›Klapprad‹ heute nicht mehr marktfähig ist.«

Jörg Spaniol, Fahrradjournalist, resümiert sarkastisch: »Letzter Vorteil des Klappmechanismus war oft genug das dadurch geringere Müllvolumen«, (Radfahren 2/92, S. 38).

Der Klappradboom verschwand so plötzlich, wie er gekommen war. Jedoch hinterließ er tiefe Wunden. Zum einen hatte sich die Erwartung, für ein Fahrrad nicht viel Geld ausgeben zu müssen, festgesetzt. Zum anderen war das Vertrauen in die Qualität und den alltäglichen Nutzwert des Fahrrades auf den Nullpunkt gesunken. Qualität, die ihren Preis hat, hatte es von nun an in breiten Bevölkerungsschichten schwer. Dieses Phänomen sollte sich Mitte der Neunziger Jahre unter den Stollen des Mountainbikes wiederholen und sich nur durch eine Portion »Technik-Fanatismus« und »Prestigedenken« vom Klappradboom unterscheiden . . .

Renaissance I: Der »kontinentale« Ansatz

Bickerton

Als Ingenieur bei Rolls-Royce arbeitete Harry Bickerton während des Zweiten Weltkriegs an der Entwicklung der Spitfire-Motoren mit. Die Geschichte des Bickerton-Rades begann mit einem Autounfall. 1970 hatte Harry einen Autounfall, der ihn glücklicherweise mit Verletzungen verschonte, aber ein dreijähriges Fahrverbot nach sich zog. Mit dieser rudimentären Mobilität wollte sich der erfinderische Ingenieur nicht zufriedengeben – der Konstrukteur Bikkerton erwachte ... Es war ein »Etwas« gefragt, das sich in Auto, Bus und Bahn mitnehmen ließ. Eine erste Idee war ein zerlegbares Flugzeug (!). Mit einem klassischen Rennrad nahm er dann anfangs vorlieb. Die Probleme beim Transport sorgten für den Wechsel zum »Puch PicNic« Klapprad, einem jener schweren Klappräder (eben diese, die den Ruf der ganzen Gattung noch heute zerstören) dieser Zeit. Die Tüftlerseele war sofort geweckt und er machte sich daran, das Modell zu verbessern. Es endete in einem völlig neuen Rad, dem Bickerton. Es wog nur etwa 9 Kilogramm und überzeugte durch ein kleines Pack-

Das Bickerton ist ein Urgestein der Modul-Bike-Szene. Nach einigen Firmenpleiten importiert Mark Bickerton zur Jahreswende 1995/96 erstmals die neuaufgelegten Bikkertons aus Taiwan, und es heißt wieder einmal: Bickertons are back!

Das Micro von Cresswell beruht auf einem Design von Peter Radnell aus dem Jahre 1973. Auffälliges Merkmal des Rades ist die Y-Rahmenform. 1978 erhielt das Rad den Design Council Award for »design excellence«.

Dr. Alex Moulton ist Wegbereiter und in gewissem Sinne auch Opfer der Klappradwelle. Die zweite Generation seiner Modelle weist einen Space-Frame-Rahmen auf und richtet sich vorwiegend an wohlhabende Bikefans.

Mit dem Pocket Lama versorgt Green Gear Cycling den reisewütigen Mountainbiker. Das Rad ist ein Hybrid aus Mountainbike, Falt- und BMX-Rad.

Thomas Bernds präsentierte sein Faltrad erstmals 1992 auf der IFMA. Es ist ein »Saubermann« unter den Falträdern, dafür sorgen Duomatic-Zweigangnabenschaltung und Zahnriemenantrieb.

Ein sportiver Fully (full suspension) ist das Birdy von Riese und Müller: Faltbarer Fahrspaß auch – und vor allem – auf schlechten Pisten. Die Faltradspezialisten bieten auch ein 8,7 Kilogramm leichtes MTB-Faltrad an (1 Gramm kostet etwa 1 DM)

Über 150.000 (!) Bickerton-Falträder wurden in fast 20 Jahren Produktion verkauft. Hier ist ein mit einem Rennlenker modifiziertes Bickerton zu sehen.

maß, sowie die Möglichkeit, es in einer großen Bandbreite auf verschiedene Fahrergrößen einstellen zu können. Für den Briten war es natürlich auch erfreulich, daß das Rad in den Kofferraum des Minis paßte. Die kleinen Laufräder (vorne 14 und hinten 16 Zoll), die schmale Aluminiumprofil-Rahmenkonstruktion und der weit ausladende Lenker verschafften dem Rad ein sehr zwiespältiges Fahrverhalten. Sogar Erfinder Bickerton machte so manchen Satz über den Lenker. In einer Broschüre nimmt er Stellung: »designed for intelligent competent human beings – not gorillas.« Harry und sein Partner Chris Brown produzierten in den Jahren 1972 und 1973 jeweils etwa 300 Exemplare in ihrer kleinen Fabrik in Codicote in Hertfordshire. Das Rad verkaufte sich trotz seines schwammigen Fahrverhaltens sehr gut.

Mit dem stetigen Erfolg vergaben die beiden Firmenpartner eine Produktionslizenz an die TCK-Gruppe, eine Industriefirma aus Aston, Birmingham. Dank der Ölkrise steigerte sich die Produktion 1974 gewaltig, über 1.000 Stück wurden verkauft. Unglücklicherweise mußte TCK 1977 den Konkurs anmelden. Harry Bickerton erhielt die Lizenzrechte zurück, konnte sie aber sofort an das australische Unternehmertrio Patterson, Ingram und Gandy verkaufen. In den Verträgen sicherte sich das Trio auch die weltweiten Verkaufsrechte. In ihrem Herkunftsland produzierten und montierten sie die Räder. Über 50.000 Bickertons wurden verkauft, dabei gab es jedoch laufend Streitigkeiten. Letztlich beendete Harry Bickerton den Vertrag. Mit seinem Sohn Mark und Steve Rowlinson, dem ehemaligen Vorsitzenden der TCK-Gruppe, gründete Harry »Bickerton-Rowlinson-Engineering«. Die Bickertons rollten wieder . . . Der Verkauf gedieh. Aus dem

Führungstrio verabschiedete sich Steve Rowlinson jedoch recht bald. Harry Bickerton ging 1987 in den Ruhestand und Sohn Mark, gerade Mitte zwanzig, machte die steile Karriere zum Firmenchef. Mark Bikkerton entschloß sich, das aus den USA stammende Dahon-Faltrad in England zu vertreiben. Als »Bickerton Dahon« tituliert sollte das Rad vertrieben werden. Das Projekt war zum Scheitern verurteilt, weil die Dahons bereits direkt auf der britischen Insel vermarktet wurden.

Bickerton-Rowlinson brachte 1988 das »Country« auf den Markt, ein Faltrad im Stile des Bickertons mit 20-Zoll-Rädern. Versehen mit einer Sechsgang-Kettenschaltung sollte es bedeutend »geländetauglicher« sein. In der Praxis waren die Urteile über das Rad sehr geteilt.

Die breitgefächerte Modellauswahl von insgesamt sieben Rädern (inklusive des »Bickerton Dahon«) konnte nicht darüber hinwegtäuschen, daß das Bickerton in seinem Design nicht mehr zeitgemäß war. Zwischen dem preiswerten aber schweren Dahon und dem ultrakompakten Brompton zerrieb sich die potentielle Käuferschicht des Bickerton. Bickerton-Rowlinson-Engineering entschloß sich, zu kämpfen und steckte viel Geld in die Entwicklung – vergeblich. 1989 schlossen die Pforten.

Brompton – Andrew Ritchie

Andrew Ritchie begann 1975 mit der Entwicklung eines Faltrades. Das Bikkerton-Rad animierte ihn dazu. Mit der Hilfe einiger Freunde entstanden erste Prototypen. Als Werkstatt mußte die eigene kleine Wohnung herhalten. Bessere Voraussetzungen brachte Andrew Ritchie selbst mit einem Ingenieurabschluß (1968 in Cambridge) und Erfahrungen im technischen Zeichnen mit. Andrew Ritchie dazu: »Ich hatte Freunde, die meinen Entwurf für eine gute Idee hielten, und wir kratzten etwas Geld zusammen, um einen Prototyp zu bauen, in der Hoffnung, daß die Industrie daran Gefallen finden würde. Das war natürlich ziemlich naiv.« Zuvor erhielt das Rad im Mai 1976 ein Patent unter der Nummer GB 1 580 058. Alle Bemühungen, einen Lizenznehmer zu finden, scheiterten, so daß sich Ritchie entschloß, eine Eigenproduktion aufzubauen. Die Suche nach Kapitalgebern scheiterte ebenfalls. Kurzerhand sprangen 30 Freunde ein, die Räder bestellten und im voraus zahlten! Das war 1981. Die Produktion startete sofort, hatte jedoch sehr starken Manufakturcharakter und wurde mit bescheidenen Mitteln durchgeführt. »Wir lebten sozusagen von der Hand in den Mund, denn selbst das kleinste Werkzeug fehlte. Jedes einzelne Kunststoffteil, das wir brauchten, mußten wir uns selbst fräsen. Aber das Geschäft lief insofern gut, als

Die Brompton Ltd. wächst rapide, Ende 1988 baute man bei Brompton bereits 90 Räder im Monat. Heute werden 125 Räder in der Woche gefertigt. Ein Blick in die Lagerung vor der Endmontage.

wir unsere gesamte Produktion verkaufen konnten, ohne einen Pfennig in Werbung investiert zu haben.« Etwa 400 Räder (in Serien zu 50 Stück) und 18 Monate vergingen, bis ein Zeitpunkt erreicht war, an dem eine Produktion in diesem kleinen Rahmen nicht mehr rentabel war. Mit 200 Pfund kostete das Brompton lediglich 20 Pfund mehr als das Bikkerton und war etwa doppelt so teuer wie ein Standard-»Klapprad«. So mußte Andrew Ritchie den Bau der Räder 1982 stoppen, weil sich kein weiteres Investitionskapital auftreiben ließ.

Andrew Ritchie sah in der wirtschaftlichen Flaute seines Rades keine Niederlage für das Konzept an sich. Er glaubte weiterhin an die Zukunft des Bromptons. Diese begann in einem Hafen in Frankreich zu einer Zeit, als das eigentliche Ende der Produktion im Jahre 1982 noch gar nicht absehbar war. Keiner der Beteiligten ahnte, welche Tragweite die kleine Episode haben sollte ... Julian Vereker befand sich auf dem Deck seiner Yacht, als eine Frau interessiert auf die »Shopper-type-folding bikes« auf Deck blickte und lapidar sagte: »Mein Freund baut viel bessere Falträder als diese!« »All right, gib mir seine Nummer, und ich werde ihn mal anrufen!« antwortete Vereker und rief tatsächlich an, um zwei Brompton für sich zu bestellen. Er versorgte auch Freunde mit dem Kompaktrad. Als er 1984 erneut einige Räder ordern wollte, mußte er verdutzt feststellen, daß Brompton die Produktion eingestellt hatte. Der Geschäftsmann Vereker hatte sich schon einiger Firmen angenommen und diese zu neuem Leben erweckt ... einige Wochen vergingen, und Vereker war an Bord, diesmal nicht auf seiner Yacht, sondern bei der Brompton Ltd. ... »Er ist genau der

Typ, der auch den Eskimos Eis verkaufen könnte«, schmunzelt Ritchie über seinen Partner.
Durch Kundenkontakte und Freunde, wobei sich hier der heutige Direktor Julian Vereker besonders engagiert zeigte und selbst tief in die Tasche griff, konnte 1986 das fehlende Geld aufgebracht werden. Ein Jahr später rollten die ersten Serien-Bromptons aus der Fertigung. Das Brompton war verbessert und durch neue Fertigungsmaschinen nochmals hochwertiger geworden. Es gewann 1987 den »Best Product Award« auf der »Cyclex Show« in London.
Importeure Hans-H. Voss aus Itzehoe stellte das Rad 1990 zum ersten Mal auf der IFMA aus. Kontinuierliches Wachstum ist dem Brompton seit Ende der achtziger Jahre vorbehalten, stets zweistellige Zuwachsraten. Dies honorierte das englische Königshaus mit der Vergabe des »Queen's Award for Export«. 2/3 der Produktion gehen in den Export. Hier führt Deutschland. Holland erhält 15 Prozent und weitere 11 Prozent bleiben innerhalb Europas. Auf dem asiatischen Markt ist ein Lizenznachbau des Brompton erhältlich. Die Firma TTD Bike bietet eine qualitativ und preislich abgespeckte Version für den großen Foldermarkt in Japan.

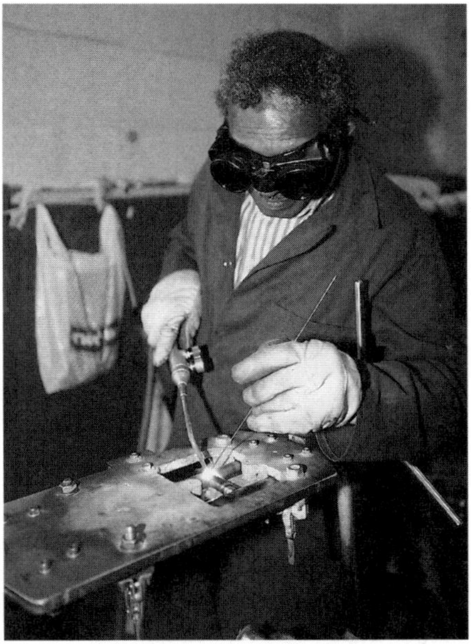

Die Produktion legt großen Wert auf Qualität. Deshalb werden die Rahmen von Hand geschweißt.

Strida – Mark Sanders

Mark Sanders studierte Design am Imperial's Engineering Department and the Royal Collage of Art in London. Den Weg zum College trat er mit dem Bus und per pedes an. Für ein Arbeitsprojekt im zweiten Studienjahr nahm er sich vor, das lästige Laufen zum Bahnhof und vom Bahnhof zum Campus zu ersetzen. Dafür, daß sah er ein, mußte er das Fahrrad verbessern oder, noch besser, er mußte es neu erfinden: »Nichts leichter als das!« dachte er, wie viele Studenten zuvor auch! Herausgekommen waren bisher nur Detailverbesserungen; giftige Bremsen, schnelle Laufräder oder surrende Klingeln. Keiner der Designstudenten konnte bisher den Coup landen. Jedenfalls folgten keine Serienproduktionen, allenfalls einige Prototypen spürten den Asphalt unter ihren Reifen.

Inspiriert vom Buggy-Kinderwagen schwankte er zwischen einer X-Rahmenform und einem »A«. Aus dem »A« wurde ein Dreieck. In den unteren beiden Ecken jeweils ein Laufrad; ins obere Eck den Lenker und den Sattel auf das Verbindungsrohr von Lenker und Hinterrad, dazu eine Kurbel und das Rad ist fertig – so einfach sind geniale Designs!

Ein erster Prototyp aus Aluminium wog lediglich 9,5 Kilogramm. »Meine erste Aufgabe ist, Ingenieur zu sein, aber meine zweite Aufgabe ist es, Designer zu sein«, beschreibt Sanders sich selbst, und fährt fort, »also versuche ich die Dinge auch schön zu entwerfen. Gewöhnlich gibt es viele Wege, etwas zum Funktionieren zu bringen, aber nur wenige,

Alle Zweifel über die Fahrqualitäten vertrieb Mark Sanders, als er 1996 beim First Folder Forum der Folding Society den ersten Rang im Folding Bike Race belegte. Doch es gab (und gibt) Skeptiker. So äußerte sich Neil Murray zum Fahrverhalten:
»Wenn ich nach einigen Tagen wieder auf das Strida stieg, waren die ersten Meter stets sehr kippelig.«

daß es gut aussieht.« Das Rad hatte nicht mehr viel von dem, was gemeinhin zu einem Fahrrad gehört. Keine Gangschaltung, statt der Kette einen Riemen, und der Diamantrahmen wich einem Dreieck. Auch die angestrebte Käuferschicht galt nicht als radfahrend: Autofahrer sollten mit einem »Fahrrad für Autofahrer« angesprochen werden.

Sanders hatte mit vielen Firmen erfolglos Kontakt aufgenommen. Ins Laufen kam das Strida erst, als Sanders während seiner Degree-Show (hier stellen alle Absolventen ihre Abschlußarbeiten vor) von der »Sunday Times« interviewt und fotografiert wurde. Daraus wurde ein Bericht in der »Innovations column«. Viele Firmen und Hersteller lasen ihn. Einer von ihnen war James Marshall. Der Sportmanager schaffte die 300.000 Pfund Kapital heran, und die beiden gründeten die Strida Ltd. in Cirnecester, Gloucestershire.

Weg von den Fahrradläden hin zu den Design-orientierten Shops, das war das Motto. So war es nicht verwunderlich, daß mehr Stridas über Warenhäuser und Designläden vertrieben wurden, als über Veloläden. Fahrradläden boten das Strida nur selten und unter dem Aspekt »Was es nicht alles gibt« an.

Euphorisch gingen beide an die Sache heran und glaubten, im ersten Jahr, 1987, bereits 8.500 Räder verkaufen zu können. Insgesamt wurden 25.000 Stück verkauft, mehrheitlich in Japan (9.000) und Europa (11.500), die die Strida Ltd. in der Endphase in Portugal fertigen ließ. In England kostet das Rad 189 Pfund, deutsche Interessenten mußten 798 DM auf die Ladentheke legen. Das gewagte wie gelobte Design mußte sich bisweilen harscher Kritik aussetzen.

1992 gab Mark Sanders das Patent an die BTG Inter-Corporate Licensing Ltd., eine staatliche Patentagentur, ab (Patentnummer NO. GB 2171656/ US Pat. No. 4,718,688). 18 Monate verstrichen ohne erfolgreiche Vergabe der Lizenzen. Diese gingen samt der Werkzeuge zurück an den Designer Sanders.

Heute ist das Strida zurück. Die Firma Roland Plastics aus Suffolk ist der Produzent. Mark Sanders gab bekannt, daß das Rad leichter und in seinen Fahreigenschaften verbessert ist. Etwa 900 Gramm Gewichtsersparnis ergaben sich aus der Verwendung von Polymeren. Eine sehr sinnvolle Besserung sind die Hochdruckreifen, welche mit etwa 5 bar Druck bedeutend besser rollen. Die taiwanesische Firma Shan-Shui Bike Co. Ltd. baut unter der Bestellnummer »94-NO1« ein Faltrad, bei dem wesentliche Elemente des Stridas zu erkennen sind: Dreiecksrahmenform, »fehlendes Sitzrohr« und lang auslegender Vorbau.

Micro Bike

Europas Falträder der Nachkriegsjahre sind von dem Konstruktionsziel, mit anderen Verkehrsmitteln in ständiger Kombination gebraucht zu werden, geprägt. Das Micro Bike von Otto Linander und Sven Hellenstam aus Schweden ist ein Beispiel dafür: Leicht (9 kg laut Herstellerangabe), klein mit schmalem Lenker und vor allem sauber durch Zahnriemenantrieb mit Duomatic Sachs-Nabe, sollte es das Pendeln mit allen erdenklichen Mobilitätsvarianten ermöglichen. Das Fahrverhalten mußte dafür Federn lassen. Der Deutsche Importeur der Jahre 1991/1992 (»Bike« aus Oberstdorf/Allgäu) versuchte auf der Fahrradmesse IFMA Händler für sein Rad zu begeistern. In Pressemeldungen war bereits die Rede davon, daß sich das Rad in Japan und den USA etabliert hätte. Es entsprach der DIN 79100. Die Kurzvorstellung in der Zeitschrift »Radmagazin Tour« endet mit den jubelnden Worten: »Am besten probieren Sie es selbst einmal aus. Wir sind sicher, daß Sie dieses Microbike begeistern wird.« Wer das Rad jedoch wirklich selbst testete, mußte einsehen, daß diese Lobeshymnen nicht ganz verdient waren.

Pocket Bicycle

Rohre durch Stahlseile zu ersetzen, ist in der Architektur sehr verbreitet. Warum sollte ein Konstruktionsprinzip, das der Golden Gate Bridge hinreichende Stabilität gibt, nicht auch bei einem Fahrrad einsetzbar sein? 1979 konnten die Amerikaner einen neuen Versuch dazu bestaunen. Das »Pocket Bicycle« kündigte sich an. Die vier Rohrenden des Kreuzrahmens waren miteinander verseilt. Sollte das System auseinandergenommen werden, wären statt Rohren lediglich flexible Seile zu verpakken, so die logische Begründung für die Konstruktion. Die Firma aus Massachusetts gibt weitere Vorteile an: »Durch einfaches Verstellen der Kabellängen und Seilhalterungen können Tretlagerhöhe, Steuerkopfwinkel und Sattelposition unaufwendig variiert werden.« Der Rahmen war aus edlen Reynolds 531 Rohren und einem 1.75 Zoll dicken Crom-Molybdän-Rohr gebaut. Die Stahlseile maßen 1/8 Zoll und waren auf eine Belastung von 1.750 lbs getestet. Die Laufräder hatten 97,8 cm Achsenabstand und 16 Zoll Durchmesser, und das Rad brachte 23 lbs (10,45 kg) auf die Waage.

Die Hub and Axel Bicycle Works Company aus Newton (Hersteller des Rades) nahm sich vor, ein leichtes kleines Faltrad mit den Fahrqualitäten eines herkömmlichen Rades zu bauen. Außer bei der Kettenschaltung dürfte dies nicht gelungen sein, ansonsten wäre dieses Rad wohl auf den Markt geblieben . . .

Dahon – David Hon

Der »kontinentale« Ansatz schließt mit einem Fahrrad aus den USA ab. Dies erscheint merkwürdig. Es erklärt sich dadurch, daß Dahon die berühmt-berüchtigte und schillernde Ausnahme in dieser Klassifizierung ist. In Konstruktion, Zielsetzung und Design ist das Dahon ein reinrassiger Vertreter des »kontinentalen« Ansatzes. Es wäre falsch, das Rad wegen seiner amerikanischen Herkunft dem »american way« zuzuschreiben.

1982 stieß Dahon auf den Markt der Falträder. Seitdem sind fast 1.000.000 Dahons verkauft worden (Herstellerangabe). Peter Hanshaw beschreibt in der »Dahon Story« im »The Folder No. 16«: »In the true Hollywood fashion« liest sich die Geschichte von David Hon. Er kam im Alter von acht Jahren mit seiner Familie nach Hongkong. Mit 18 Jahren studierte David Hon Physik in Kalifornien und dissertierte. Seine Begeisterung für Falträder nahm ihren Anfang bereits in der Studentenzeit. »Because the parking fee were so high, I used to park my car near the college and ride the rest of the way by bike, but I couldn't get the bike into the trunk of my car without taking one of the wheels off«, erklärt David Hon und fährt fort: »That made me think that somebody should invent a folding bicycle.« Sein Bruder Henry half ihm tatkräftig bei der Arbeit, sie studierten alle Patentanmeldungen über Falträder. Stärken und Schwächen der Konstruktionen wurden herausgearbeitet. Es sollten noch fast sieben Jahre vergehen, bis man 1980 auf der »New York International Bike Show«

Mit dem Picnica leistete Bridgestone seinen Beitrag zum Aufleben einer ersten (!) brauchbaren Faltradgeneration. Das Rad konnte nicht völlig überzeugen, symbolisiert aber einen Wandel in der Faltradkonstruktion.

Das Tailwind gehört zu den Umsatzstützen von Dahon. Auch im Jahr 1996 erwartet Dahon Umsatzzuwächse von über 25 Prozent und behauptet sich als weltgrößter und in Japan und USA führender Faltradhersteller.

Manche Faltradkonstruktion geht sonderbare Wege: Das Kettenrad ist größer als die Laufräder. Es zählt 80 Zähne und sorgt für hinreichende Entfaltung.

DiBlasi-Falträder zeichnen sich durch drei Merkmale aus: Sie sind schwer, haben einen kurzen Radstand und eine nahezu unbekannte Vergangenheit. Im Bootsbereich erfreuen sie sich großer Beliebtheit.

Neobike-Falträder sind preislich sehr interessant. Sie bieten solide Falttechnik für verhältnismäßig wenig Geld. Übrigens wurde Neobike von zwei ehemaligen Dahon-Mitarbeitern gegründet.

Der Name Kentex ist seit Jahren ein Begriff für leichte Falträder aus Aluminium. Die Räder sind mit verschiedenen Laufradgrößen und Gangschaltungsvarianten erhältlich.

den ersten Prototypen bestaunen konnte.
Er kombinierte die kleinen 16-Zoll-Laufräder mit einem Diamantrahmen, der nach Art eines einfachen Klapprades der siebziger Jahre geklappt wird. Gegenüber dem Bickerton, in jenen Jahren der größte Konkurrent, war das Dahon mit etwa 15 Kilogram sehr schwer.
Nach der Messe in New York, die ihn sehr zuversichtlich stimmte, entschied sich David Hon, eine Produktion des Rades anzustreben. Immerhin gingen Studien davon aus, daß etwa 8 Prozent aller Fahrradbesitzer in den Staaten bereit wären, ein Faltrad zu kaufen, auch wenn dieses 25 Prozent teurer wäre als ein konventionelles Fahrrad. Bei 800.000 verkauften Rädern pro Jahr in den USA machten 8 Prozent eine beträchtliche Stückzahl aus. Wie die Entwickler von Bickerton, Strida und auch Brompton versuchte David Hon sein Konzept zu verkaufen, anstatt eine eigene Firma zu gründen. Parallelen sind unverkennbar: Auch er erntete nur Desinteresse und Skepsis. So entschloß er sich, der Not gehorchend, die Sache selbst in die Hand zu nehmen. Er hatte entschieden mehr Glück bei der Finanzierung als andere Faltradhersteller. Die erste Million (!) Dollar konnte er bei Freunden und Kollegen mobilisieren, und ein professioneller Investor steuerte weitere 2,5 Millionen Dollar bei. Aus Kostengründen erhielt Taiwan den Standortzuschlag für die Produktion. Schon Anfang des letzten Jahrzehnts herrschte dort eine Infra- und Fabrikstruktur, die die preiswerte Produktion qualitativ adäquater Fahrräder erlaubte ... 1982 verließ der erste Container Dahon-Falträder die Inselrepublik. Taiwan stand in den USA bis dahin nicht im besten Rufe, und Dahon war maßgeblich an der Schaffung eines guten Images für Taiwan beteiligt. Auch die Taiwaner erkannten dies und rückten Dahon in den Mittelpunkt einer Werbekampagne für Taiwanprodukte unter dem Motto »Very Well Made In Taiwan«.
David Hon kündigte bei der Hughes Aircraft Corporation und mauserte sich innerhalb kurzer Zeit zum weltweit größten Hersteller für Falträder. Dahon Räder sind die ersten Falträder, die nach den Gesichtspunkten moderner Produktion in einer Massenfertigung mit hohem Qualitätsniveau entstehen. Jährlich verlassen etwa 100.000 Falträder die Fabriken von Dahon, dies macht die Hälfte der weltweiten Produktion von Falträdern aus. Zuträglich für diesen Erfolg war eine Quasi-Monopol-Stellung auf dem US-amerikanischen Markt. Seit 1991 sind auch faltbare Mountainbikes mit Dahon-Schriftzügen auf dem Markt. Sie sind eine direkte Antwort auf dem Markteintritt des Montagues und erreichen zur Zeit etwa 20 Prozent des Umsatzes von Dahon. Nicht alleine auf

Montague als Faltradhersteller reagierte Dahon. Neobike und Kentex wurden verklagt, weil sie ihre Räder zu stark am Classic Modell von Dahon orientierten – um das Wort kopieren nicht zu benutzen.

Renaissance II: »the american way«

Die amerikanischen Falträder haben kein Licht, keine Schutzbleche und keinen Gepäckträger! So könnte man die Falträder innerhalb der Fahrradszene der USA kritisch kommentieren. Aber: Eine StVZO-Ausstattung macht noch lange kein gutes Faltrad. Was zeichnet die Faltradszene der USA aus? Das Fahrrad ist in den USA vornehmlich ein Sportgerät und ein Spielzeug für kleine und große Kinder. Die verkehrspolitisch verwurzelte Radlergemeinde ist eher klein und sehr lokal konzentriert. Insofern ist das Fahrrad in den USA stets ein Sportgerät oder »Funbike« – der klassische und Anfang der neunziger Jahre wiederbelebte Cruiser ist ein gutes Beispiel dafür! Falträder in den USA sind also nur sekundär als »Pendler-Räder« a la Brompton einzustufen. Vielmehr ist es ihr Anspruch, dem geschätzten Sportgerät »Fahrrad« durch die Option, es falten zu können, einen erweiterten Einsatzbereich zu verschaffen. Das führt zu bestimmten Vorgaben für die Konstruktion des Rades. Zum einen wird das Fahrverhalten am »normalen« Rad gemessen. Der amerikanische Radfahrer ist nur in den seltensten Fällen bereit, für das reduzierte Packmaß Einschränkungen in Fahrspaß und -qualität in Kauf zu nehmen. Zum anderen müssen die Räder gut aussehen – Design und Lifestyle haben in den USA einen extrem hohen Stellenwert. Davon sind Falträder nicht ausgeschlossen.

Montague – Harry Montague
Die Firmengeschichte von Montague begann 1984. Harry Montague, ein Architekt und Erfinder aus Washington DC, hatte seinen ersten Prototypen fertiggestellt. Das US Patent 4.448.437 vom 15.5.1984 sichert ihm die Rechte an dem Konzept. Findigen Pantentspezialisten wird der Anblick des Rades eine Konstruktion von Frederik Ishöy aus dem Jahre 1899 ins Gedächtnis rufen. Sie nimmt das Prinzip in ähnlicher Bauform vorweg.
Bis zum Jahr 1987 verkaufte Harry etwa 50 Räder, die er selbst fertigte, direkt an die Kunden. Das Modell hieß »Montague BiFrame«. Mit Unterstützung seines Sohnes David gründete Harry 1988 eine Firma in Massachusetts. Es verging ein Jahr, in dem das Modell verbessert und der Markt geprüft wurde. Dann kam mit dem Montague BiFrame M-1000 das erste »full-size« Mountainbike-Faltrad auf den Markt.

Verchromte Eleganz umgibt das Knock-Down-Pedersen. Der Kardanantrieb sorgt für einen wartungsfreien Antrieb und erleichtert das Zerlegen. Der Rahmen kann an den Verbindungsstellen auseinandergeschraubt werden.

Ein absoluter Klassiker unter den Falträdern ist das Galaxe. Sein Design geht auf das BSA Paratrooper zurück und wurde nur in Details verändert. Highlight der Ausstattung sind die Holzfelgen.

Aus der Mobilitätsnot eines Journalisten ist das Worksong entstanden. Heute gilt es als Klassiker unter den faltbaren Big-Bikes.

Bereits 1984 beschäftigte sich Harry Montague mit der Entwicklung eines faltbaren Fahrrades. Er ist ein Pionier der modernen faltbaren Räder mit großen Laufrädern. Hier ist das Atlanta 1996 Olympia-Rad zu sehen, das in Zusammenarbeit mit BMW entstanden ist.

Markant fällt der Faltmechanismus des Redlof-Rades ins Auge. Das Rad macht keinen Hehl aus der bestehenden Schrumpfoption.

1982 erfand der BMXer Mark Groendal das Slingshot-Rahmendesign, als er bei einem Unfall das Unterrohr seines Rahmens einbüßte. Die Faltoption wurde später ergänzt.

Bereits im August 1988 waren die ersten 600 Räder durch 60 Händler an der Ostküste der USA verkauft. Im September 1988 erschien ein einseitiger Bericht über das Montague in der »Bicycling«. Dieser hat der Firma sicherlich geholfen. 1989 verkauften fast 250 Fahrradhändler zusammen 5.000 BiFrames in den USA. Der Import in die Niederlande und die Schweiz, nach England, Japan, Deutschland, Frankreich, Australien und Finnland begann.

1992 machte Montague erneut von sich reden, als die Zusammenarbeit mit BMW auf festen Beinen stand. Die Bayrischen Motorenwerke vertrieben das Rad über ihre Autohändler und sollen nach Angaben von Montague bereits im ersten Jahr allein 10.000 Räder in Deutschland verkauft haben. Die Zusammenarbeit wurde auf andere Länder ausgeweitet, und zu den Olympischen Spielen in Atlanta 1996 fanden sich BMW und Montague zusammen und sponsorten 1.000 Räder im »special olympic design«.

Mit dem TriFrame bietet Montague ein klappbares Tandem an, das dem »Two'S Day« Tandem von Green Gear Cycling Konkurrenz machen dürfte. Es gewann 1995 den »Design & Engineering Award« der Zeitschrift

»Popular Mechanics«. Montague verfolgt in den letzten Jahren zunehmend eine Konzeptpolitik, die das Faltrad in die sonstige Mobilität des Kunden einbinden soll. Dafür wurde ein Koffer entwickelt, der zu einem Anhänger umgebaut werden kann; ähnlich dem »Friday Travel System«. Dieser Koffer ist jedoch bedeutend größer als ein Samsonite.

Green Gear Cycling »Bike Friday« – Hanz und Alan Scholz

Auch Hanz Scholz begann Ende der achtziger Jahre mit der Entwicklung eines Faltrades aus der Unzufriedenheit über das Angebot des Marktes. 1985, auf einer Reise in Europa, die durch ein Faltrad zum Radelurlaub werden sollte, lernte er die »Klapperkisten« hassen und wünschte sich sein herkömmliches Rad herbei. Das Bike Friday versteht sich weniger als Fahrrad, denn als »Bike Friday Travel System«. »Friday« heißen die Räder, weil sie dem Radfahrer treuer Partner sein sollen, wie es einst Freitag für Robinson Crusoe war.

Der Kundenstamm von Green Gear Cycling liest sich wie ein »Who is Who« der amerikanischen Fahrradszene. 5 Redaktionsmitglieder von »Bicycling« sitzen auf den zierlichen 20 Zöllern aus Eugene; Thomas Prehn, ehemaliger US-Champion und Radprofi oder Rob Temlin, ehemaliger Race-Across-America-Teilnehmer, greifen in den Samsonite-Koffer von Green Gear.

Die Green-Gear-Cycling-Crew und ihr Rad in allen Faltphasen. Links außen stehen Alan (ganz links) und Hanz Scholz.

Jedes Rad wird auf Maß gefertigt, damit es dem Kunden paßt wie sein konventionelles Rad (Geometrie bleibt unverändert). Zu Beginn der Entwicklung stand das Vorhaben, ein wirkliches Fahrrad zu bauen, das zudem noch klappbar ist. Im zweiten Schritt ergab sich die Vorgabe des Packmaßes. Um das Reisen mit dem Fahrrad so einfach wie möglich zu halten, orientierten sich die Scholzbrüder an den Maßvorgaben der großen Fluggesellschaften. Diese Größe schöpft der bekannte Samsonite-Koffer voll aus, womit die Verpackung des Rades gefunden war. Damit man, am Zielort angekommen, keinen lästigen und überflüssigen Koffer unterzubringen hat, wird dieser zum Anhänger.

Das Rad samt aller Bauteile, die den Koffer in einen Hänger verwandeln, paßt in den Samsonite. Dieser unterscheidet sich vom Serienmodell nur durch drei Bohrungen, die das Hängergestell aufnehmen.

Übrigens sind Ständer, Gepäckträger, Lowrider, Schutzbleche und Licht für alle Typen erhältlich, freilich nur als Zubehör!

Diamant »Handy« – John S. Strozyk

Ganz in der »amerikanischen Tradition« steht die Erfindung von John S. Strozyk. Sie konnte 1992 auf der IFMA in Köln bestaunt werden. Sein »Interframe Folding Bicycle« ist das kleinste große Fahrrad, wie er es beschrieb. Nach dem Öffnen eines Schnellspanners schiebt man das Hinterrad entlang einer Schiene quasi unter den Sattel und klappt es samt des Hinterbaus in den verbreitert ausgelegten Rahmen hinein. 1993 war eben dieses Rad in der nächsten Entwicklungsstufe am Stand von Diamant zu sehen. Das vormals angestrebte Gewicht von 9,5 Kilogramm hatte man um aber weit verfehlt, auch der Verkaufspreis erhöhte sich auf DM 1.500,–. Der Name »Handy« stiftet bisweilen Verwirrung.

Slingshot

Federung und Stahlseilkonstruktion, Klappfunktion und Rennsporteinsatz: die Räder von Slingshot vereinen scheinbar gegensätzliche Eigenschaften. Das Konzept steht in der amerikanischen Tradition, der Faltfunktion keine »Performance« zu opfern.

Das Unterrohr ist gegen ein Stahlseil ausgetauscht, das mittels einer Feder an den Rahmen anschließt. Als Gegenlager zur Feder dient ein Glasfaserstab, der das Sitzrohr an der Sitzmuffe mit dem separaten Oberrohr verbindet. Der Rahmen kann an der Sitzrohrmuffe und dem Stahlseil geteilt werden. Diese Funktion ist nachträglich in das Konzept aufgenommen worden, was unterstreicht, daß das Konzept primär beste Fahreigenschaften zum Ziel hatte.

S & S

Das »S & S Bicycle Torque Coupling System« ist das innovativste und vielversprechendste Konzept für »reisende« Räder mit großen Laufrädern. In einen herkömmlichen Rahmen werden Bajonette eingelötet, durch die sich der Rahmen auseinanderschrauben läßt. Dank präziser Fertigung und bester Materialqualität verliert der Rahmen nicht an Steifigkeit. Messungen offenbarten, daß der Rahmen im Bereich der Bajonette sogar eher steifer als vorher ist. Die Kupplungen können bei jedem qualifizierten Rahmenbauer nachgerüstet werden. Das Rad erfährt keine Veränderung in den Fahreigenschaften und erhält einen größeren Einsatzbereich.

Renaissance III: Zu neuen Ufern

Daß Sportfalträder in Deutschland nicht so verbreitet sind, liegt wohl auch an den vergleichsweise geringen Distanzen zu den Wettkampforten. Lange Anfahrtswege sind seltener. Das Auto herrscht daher als Anreisefahrzeug vor. Flugzeug und Bahn spielen bei der Anreise zu Wettkämpfen faktisch keine Rolle. Für den Autotransport von herkömmlichen Bikes gibt es mittlerweile hinreichend sinnvolle und praktische Produkte. Ein zerlegbares Sportgerät wird nicht oder kaum gebraucht. Dies stellte auch die Firma Winora fest. Noch in einer Presse-

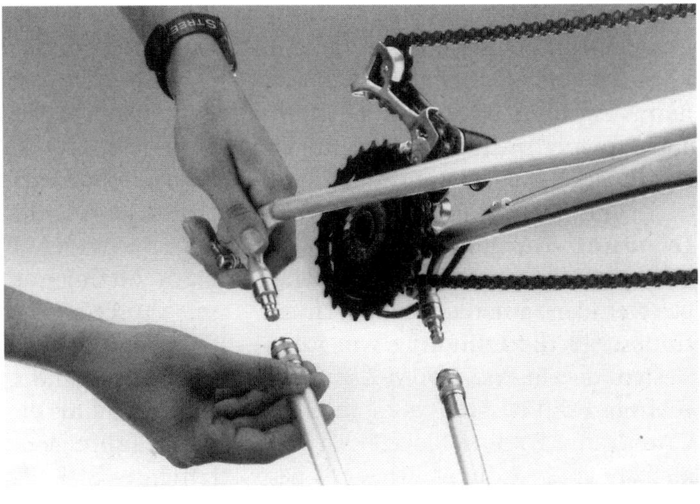

Das Winora Snap greift auf Schnellverschlüsse aus der Leitungstechnik zurück. Sie lassen sich einfach mit der Hand bedienen. Bild: Winora

mitteilung vom 14.9.1993 wurde eine Serienproduktion des »Snap-Rennrades« angekündigt, das bereits auf der IFMA im Jahre 1988 vorgestellt wurde. Die Idee für das »Take Off«, hatte Ernst Brust, als er die Druckluftanschlüsse von Werkzeugen betrachtete. Abheben konnte das Rad so recht nicht.

Vorurteile bröckeln und Träume werden realisierbar

In Deutschland hat neben anderen das »Birdy« von Riese und Müller dem Faltrad einen großen Schub gegeben. Die beiden Jungunternehmer Markus Riese und Heiko Müller haben viel für die Imagepolitur des Faltrades erreicht. Ihr Kind, das Birdy, schaffte es wie kein europäisches Faltrad zuvor, Dynamik, Lifestyle, Fahrspaß und coole Optik auf sehr kleine Laufräder zu setzen. Nie haben 18-Zoll-Laufräder so sportlich ausgesehen!
Aus deutscher Sicht muß in diesem Kontext auch Thomas Bernds genannt werden. Sein Faltrad ist ein Saubermann unter den Falträdern. Nicht alleine der Zahnriemenantrieb und die Nabenschaltung sorgen dafür. Der ganz Faltmechanismus ist darauf ausgelegt, dem Besitzer keine verschmutzten Hände zu bescheren. Sauber ist ebenso das Design des Rades: Eigenwillig und gelungen.

Szene Japan

Von jeher ist das Faltrad in »Nippon« sehr beliebt. In Japans Hauptstadt Tokio ist die Verkehrssituation derart zusammengebrochen, daß das Faltrad in Kombination mit der U-Bahn das einzige zügige Fortbewegungsmittel ist. Der Markt in Japan ist für viele Faltradhersteller ein wichtiges Standbein. 1992 richtete das Bicycle Culture Centre in Tokio die erste reine Faltrad-Fahrradmesse aus. Nicht weniger als 22 Hersteller zeigten über 95 Modelle. Im Jahre 1993 berichtete die »Japan Cycle Press« von einer Zweitauflage der Messe (7. bis 13.10.93) in der Event Hall des Bicycle Culture Centres in Tokio.

Die Autohersteller kommen

Prestige sollten die Räder schon vermitteln, deshalb hat BMW die Rahmen in einem Sonderdesign bestellt. Damit der Kunde auch stets weiß, was für einen Edelstahlrappen er unter sich hat, ziert ein blau weißes Logo den Vorbau ... Aus ihren Absichten macht die bayerische Firma keinen Hehl: »Sie tun etwas für Ihre Fitness und können trotzdem BMW fahren.« (BMW Prospekt).
BMW vertreibt seit September 1992 in Deutschland ein Montague-Faltrad, das von der Firma Centurion (Bike-Großhandel) montiert wurde. Dies sorgte für eine lebhafte Diskussion, die mit jener von vor einigen Jahren vergleichbar war, als Eduscho

erstmals Fahrräder verkaufte und den Händlern in unteren Preisbereichen das Wasser abgrub. Inhaltlich haben die beiden Ereignisse aber nur wenig gemein. Die BMW-Bikes werden über den Autohandel an Kundenschichten weitergereicht, die sonst kaum den Weg zum Fahrrad, geschweige denn zum Radhändler finden würden. Der Branche schadet das kaum bis gar nicht, und das Fahrrad und sein Stellenwert in der Gesellschaft erhalten nur insofern Blessuren, als das Velo, wieder einmal, als Anhängsel des Automobils präsentiert wird.

Es hagelte Kritik aus den Reihen der Radhändler, Radfahrerorganisationen und Hersteller. Steffen Friedrich von Centurion entgegnet: »Seit drei Jahren wird das Montague-Faltrad vom Fachhandel nicht akzeptiert«, folgerichtig mußten neue Märkte und Absatzwege angesteuert werden.

Eine Kritik anderer Art gesellte sich von Velo-Ideologen hinzu: »Die Autohersteller versuchen, das ökologisch fehlerfreie Image(?) des Fahrrades auf das Auto zu transformieren!«, so wetterten die Hardliner gegen eine Vergewaltigung der höchsten Tugenden durch den Klassenfeind Auto. Andere Fahrradpropagandisten lobten die Aktionen mit der Argumentation, daß, wenn eine durchorganisierte und rationalisierte Industriebranche sich dem Fahrrad zuwende, sich dies als Imagegewinn für das Radl bemerkbar machen würde.

Mit einer Portion Technikbegeisterung argumentierten andere Velologen, daß mit »solchen Rädern« nicht viel Anwerbearbeit in Sachen »Fahrrad- anstatt Autonutzung« zu machen sei. Sie kritisierten die Geometrie, die Steckschutzbleche und den Sattel.

»Die stabilen, aber nicht reinrassigen Geländebikes«, so Peter Cujé von Centurion, »richten sich an den typischen BMW-Kundenkreis: junge dynamische Leute, die bisher wenig Fahrrad gefahren sind.« Daraus ergeben sich zwei Aspekte. Warum sieht sich der Fahrradhandel vom Vertrieb eines Fahrradtyps, den er selbst jahrelang mißachtete, gefährdet?

Weniger das Fahrrad an sich als die dahinterstehende Lobby der Autohersteller samt ihres flächendeckenden und organisierten Händlernetzes flößte dem in merkantilistische kleine Zünfte (ZEG, VSF, usw.) aufgesplitterten Fahrradhandel Angst ein. Läßt man die Interessen der einzelnen Händler und Firmen aus der Fahrradbranche einmal außen vor und betrachtet die Szenerie aus einem ökologischen und verkehrspolitischen Blickwinkel, so kann man darin viele gute Ansätze erkennen. Neue Kundenkreise werden zum Fahrradfahren gebracht, sie erhalten die Chance, eine der faszinierendsten Erfindungen der letzten 175 Jahre aktiv zu entdecken und lassen dafür vielleicht das Auto einmal mehr stehen. Das ist doch löblich.

Positive Erfahrungen statt Zwang, so ist der Lernerfolg denkbar.

Daewoo

Das »Shuttle« von Daewoo ist das innovativste Faltrad eines Autoherstellers der Neunziger Jahre. Innovativ, weil es in einer Stahlversion kaum 10 Kilogramm wiegt. Innovativ, weil es das erste kleinrädrige Faltrad eines Autoherstellers ist. Und innovativ, weil es konkurrenzlos preiswert ist.

Mit 16-Zoll-Laufrädern und etwa 71 Zentimetern Radstand ist das Shuttle wahrlich kompakt geraten. Der Rahmen bleibt starr; nur Lenker und Sattelstütze werden eingeklappt. Aristos Petrou zeichnet für die Entwicklung verantwortlich. Er war vormals beim Mountainbike-Hersteller Muddy Fox angestellt. Das Rad soll knapp DM 400,– kosten. Aus Aluminium gefertigt und somit nochmals ein Kilogramm leichter, sind für das Rad DM 550,– zu veranschlagen.

Das Daewoo kombiniert kleine Laufräder mit einem kurzen Radstand. Auf diese Weise erreicht das Rad ein kleines Packmaß auch mit ungeteiltem Rahmen.

Innerhalb der ersten vier Monate nach Markteinführung wurden allein im britischen Königreich 50.000 Stück verkauft (Herstellerangabe)! Die Prognosen für die Bundesrepublik wurden daraufhin korrigiert: 10.000 Stück will der deutsche Verkaufsrepräsentant Burkhard Dickhagen im ersten Jahr in Deutschland umsetzen. Die koreanische Firma gehört zu den 30 größten Wirtschaftsunternehmen der Welt und plant, insgesamt 300.000 Räder (nicht nur Falträder) zu produzieren. In Europa wird der Handel durch die Marcel Geurts Industries (MGI) in Maasmechelen in Belgien gesteuert. Glaubt man den Worten vom General Manager der Bicycle Division, so soll Deutschland der größte Absatzmarkt nach Korea werden.
Übrigens sind BMW und Daewoo auf diesem Markt nicht die einzigen Autohersteller. Hyundai, Toyota, Jeep, Jaguar, Porsche, Mercedes, Audi und VW sprangen bereits auf den Zug auf und haben Räder, teilweise als PR-Aktion, saisonal oder dauerhaft im Angebot.

ADFC-Fahrrad des Jahres 1996

Der ADFC kürte 1996 zum neunten Mal ein Fahrrad des Jahres. Die Ausschreibung steht stets unter einer Vorgabe. Bei der Ausschreibung zum Rad des Jahres 1996 wurde ein Faltrad gesucht. Damit trug der ADFC seinem Einsatz für die Kombination von Fahrrad und öffentlichem Personennahverkehr Rechnung. Die Einsicht, daß noch begrenzte Mitnahmemöglichkeiten, wenig Stellplätze in der Bahn und eng bemessene Abteile die Regel sind, und Zusatzkosten für den Fahrradtransport anfallen, lassen ein Faltrad sinnvoll erscheinen. Der Wettbewerb richtete sich an Hersteller, Importeure und Konfektionäre. Als Vorgaben galten ein Verkaufspreis unterhalb von DM 2.500,–, geringes Packmaß und Gewicht. Der Sieger wurde anläßlich der IFMA 1996 in Köln gekürt, und ist ein alter Bekannter. Importeur Hans-H. Voss nahm stellvertretend für den Erfinder Andrew Ritchie den Preis entgegen. Das Brompton bekam seine Qualitäten einmal mehr auch von »offizieller« Seite bestätigt.

Ein Blick in die Zukunft

In Zeiten eines stagnierenden Fahrradabsatzes schnellen die Verkaufszahlen der Faltradhersteller weiterhin in die Höhe. Schätzungsweise 400.000 Falträder werden in diesem Jahr verkauft. Die Wachstumsrate von jährlich 20 Prozent ist in den vergangenen Jahren kontinuierlich geblieben und scheint nicht abzureißen. David Hon sieht darin die Zeichen, daß »... folding bicycles will be one of the next big growth areas in the bicycle market.« Dies zeigt sich unter anderem darin, daß viele Hersteller in Europa ihre Produktpalette mit einem Faltrad abrunden. In Japan, wo der Markt schon breiter gefächert ist, erweitern die bedeutendsten Hersteller (Miyata, Marusishi, Yokota, Hodaka) ihre Faltradpalette. Dieser Prozeß steht in den USA noch am Anfang, dort beginnen die ersten renommierten Fahrradhersteller damit, ein Faltrad in die Programmpalette zu integrieren.

Der Stellenwert des Faltrades in Deutschland in der Zukunft hängt von drei Faktoren ab:

- Technische Entwicklung der Fahrräder und Infrastruktur (inklusive der Entwicklung der »Kombinationsverkehrsmittel«)
- Gesellschaftliche Stellung des Radfahrens
- Schaffung eines Bewußtseins, das wirkliche Individualmobilität erwünscht, umsetzt und akzeptiert

Die technische Entwicklung des Faltrades umfaßt vier grundsätzliche Ansätze, die von jeher die Grundprobleme des Faltrades sind:

- Reduktion des Packmaßes
- Einfaches und schnelles Auf- und Abbauen bei gefälliger Optik
- Gewichtsreduktion
- Optimierung der Fahrleistung entsprechend der Zielsetzung
  - Sportlichkeit
  - Komfort
  - Orientierung am zeitgemäßen Fahrverhalten
  - Orientierung an den Bedürfnissen von bestimmten Zielgruppen

Wie in allen Fahrradbereichen ist auch beim Faltrad davon auszugehen, daß hochwertige Kunststoffe und Faserverbundwerkstoffe Einzug in die Konstruktion halten werden. Von ihnen sind vor allem Fortschritte im Leichtbau zu erwarten.

Ich setze dabei große Hoffnungen in Konstruktionen, die in der Tradition von Wachtelbrenner, Strida und Sinclairs X-Bike (vgl. »La Petite Girafe« in »Radfahren«, 5/86) stehen. Clive Sinclair präsentierte bereits ein fahrbares X-Frame-Bike, das seinen Angaben zufolge kaum mehr als vier Kilogramm schwer und zu einem »Stock«, ähnlich einem Schirm, faltbar ist.

Leichte, einfache Falträder für den Kurzstreckenbereich mit vielen Transportintervallen und Trageeinheiten sind gefragt. Sie brächten nicht nur mehr Menschen zum Radfahren, sondern würden auch den Öffentlichen Personennahverkehr »durch die Hintertür« konkurrenzfähiger machen.

Verchromte Eleganz umgibt das Knock-Down-Pedersen. Der Kardanantrieb sorgt für einen wartungsfreien Antrieb und erleichtert das Zerlegen. Der Rahmen kann an den Verbindungsstellen auseinandergeschraubt werden (oben).

Rostige Schönheit . . . die besten Jahre dieses BSA Paratroopers sind gezählt (unten).

Moderne Falträder müssen sich auch bei langen Anstiegen nicht verstecken.

Nachahmung verboten! Sprünge und Geländefahrten bleiben reinrassigen Mountainbikes vorbehalten.

Das Moulton ist flink auf der Straße; soll es zerlegt werden, so hat es das Nachsehen gegenüber reinrassigen Falträdern (rechte Seite oben).

Hanz (hinten) und Alan Scholz auf ihrem Two'S Day Tandem (unten).

FRIDAY
TwosDay

Brompton . . . Brompton . . .
Brompton –
für Pendler die erste Wahl!

Das Two'S Day eignet sich auch für sportliche Touren.

Konstruktion

Die Quadratur des Kreises: Konstruktion als Balanceakt

Jedem technischen Detail einer Konstruktion geht stets der Gedanke, ein spezielles Problem auf diese Weise lösen zu können, voraus. Insofern lassen sich auch die verschiedenen Formen und Konstruktionen der Falträder erklären. Bevor sich dieses Kapitel mit den Details der »Faltrad-Technik« auseinandersetzt, gilt der erste Blick den Anforderungen an ein tragbares Rad.

Wie sich bereits zeigte, sind Falträder Gebrauchsräder. Von ihnen wird zuverlässiges Funktionieren verlangt. Im Gegensatz zu einem Sport- und Spielgerät, wie es zum Beispiel das Rennrad oder Mountainbike für viele Menschen ist, muß das Faltrad kompromißlos

- dem Nutzer (Ergonomie),
- der Art der Benutzung (Transport, Fahren und Aufbewahrung),
- dem Benutzungsumfeld (Straßen, Lagerungsort)

angepaßt sein, um seinem Zweck gerecht zu werden.

Ein unzureichend konzipiertes und angepaßtes Sportgerät schmälert lediglich den Fahrspaß oder die Leistung, jedoch stellt ein Faltrad, das den drei oben aufgeführten Punkten nicht hinreichend Rechnung trägt, sich selbst in Frage. Denn was nützt ein Faltrad, das sich nicht platzsparend verstauen läßt oder für die Fahrt von einem Sackbahnhof zum anderen nicht taugt, oder eines, das beim Verpacken soviel Zeit in Anspruch nimmt, daß man den Anschlußbus verpaßt? Es wird seiner Aufgabe nicht gerecht. Ein Faltrad muß funktionieren, ansonsten ist es entbehrlich! Die verbreitetsten Ansprüche an das Faltrad sind:

- Kleines Packmaß
- Schnelle Auf- und Abbaumöglichkeit
- Geringes Gewicht
- Gute Fahreigenschaften
- Preiswert in der Anschaffung
- Zuverlässigkeit
- Ansprechendes Design

Kleines Packmaß

Das Fahrrad in der Hosentasche wird eine Utopie bleiben. Das Packmaß ist von entscheidender Bedeutung für die Einsatzmöglichkeiten des Faltrades. Im öffentlichen Nahverkehr ist ein kleines Packmaß sehr wichtig, da die Busse und Bahnen zu Stoßzeiten überlaufen sind. Bei Eisenbahnen und Fluggesellschaften ist es wichtig, mit den Abmessungen des verpackten Rades innerhalb der Richtlinien für Reisegepäck des jeweiligen Unternehmens zu bleiben.

Der Anspruch, ein Fahrrad mit einem kleinen Packmaß zu realisieren, kollidiert jedoch mit den anderen Anforderungen, so wie diese ebenfalls untereinander gegensätzlich sind.

Wer das Falten des Bromptons einmal verstanden hat, der verzaubert das Rad in kaum 15 Sekunden in ein handliches Paket.

Schnelle Faltmöglichkeit

Im täglichen Pendelverkehr mit nur kurzen Fahrstrecken ist dies besonders wichtig. Wenn das Falten zu lange dauert, ist es summa summarum geschickter, zu Fuß zu gehen: Das Faltrad wird seiner Aufgabe nicht gerecht! Eine Balance zwischen Zeitaufwand und Größe des Packmaßes muß gefunden werden. Technische Neuerungen und Details können die Diskrepanz verringern. Die Balance orientiert sich – neben den Kosten für die technische Umsetzung – zuerst am Verwendungszweck. Ein Rad, das zwar klein verpackt sein muß, aber nur einmal um Monat gebraucht wird, ist zweckdienlich, auch wenn es 10 Minuten bedarf, um es »ready to ride« zu präparieren. Hingegen verlangt ein »Pendler-Faltrad«, daß die Faltprozedur auf ein Minimum beschränkt ist. Die Faltgeschwindigkeit muß in einem guten Verhältnis zum Packmaß und zur Verwendungshäufigkeit stehen.

Geringes Gewicht

Das Gewicht eines Faltrades ist besonders wichtig für Nutzer, welche ihr Rad oft tragen müssen. Sie sollten auf ein geringes Gewicht achten, ohne dabei Aspekte wie Zuverlässigkeit, hinreichende Ausstattung, gewünschtes Packmaß und benötigte Faltgeschwindigkeit außer acht zu lassen. Der Markt bietet mittlerweile eine Vielzahl an getunten Komponenten, die ohne Stabilitätseinbußen nur ein Bruchteil des Gewichtes herkömmlicher Bauteile besitzen. Es ist ratsam, sich beim »Tunen« auf branchenbekannte Namen und Bauteile zu beschränken. Spezialteile des Faltradherstellers lassen sich aus Mangel an Alternativen nicht ersetzen. Auch wenn manche Tuning-Komponenten vorwiegend an »trendy« Mountainbikes zu finden sind, sollte sich der Faltradfahrer nicht davon abschrecken lassen, daß sein Rad möglicherweise als »Protzfahrzeug« verunglimpft wird. Das Tunen ist in diesem Fall hundertprozentiges Funktionstuning, da das Tragen erleichtert und die Sprintfähigkeit erhöht wird. Es stellt sich jedoch die Frage, wieviele Kilogramm abgespeckt werden müssen, damit eine spürbare Erleichterung festzustellen ist.

Weit kritischer beurteilt Sir Clive Sinclair das Tuning der Komponenten: »What I need, as I think others do, is a bike that can be carried as easily and as freely as an umbrella, so that any journey can include a cycling portion when appropriate.« Er vermißt entscheidende Entwicklungen, die aus technischer Sicht durchaus möglich sind. Hemmend wirkt sich dabei aus, daß das Fahrrad aus einer Vielzahl von Einzelteilen besteht. Eine wenig konsequente Normierung fand in den letzten 100 Jahren statt, die etwa bei Tretlagern zu vier verschiedenen »gängigen« Tretlagergewinden und vier Konstruktionsprinzipien führte, das endet bei Sattelstützen in einem Rudel von etwa 15 Größen. Diese halbherzige Normierung hilft dem Kunden nur noch wenig: Sie sorgt für Skepsis gegenüber Normabweichungen, ohne die aus der Industrie bekannten Vorteile einer Normierung (zum Beispiel einfache Ersatzteilbeschaffung) zu gewähren. Sir Sinclair versucht, den »Konzept-Ansatz« (Komponenten und Rahmen bilden eine Einheit) in einem Faltrad umzusetzen: »I want a weight reduction of at least a factor of three or even more.« schreibt er im Fachorgan »The Folder«. Getreu dem Grundsatz »Taten statt Worte«, kann Sir Clive Sinclair bereits einen nur vier Kilogramm schweren Prototypen präsentieren ...

Gute Fahreigenschaften

»Gute Fahreigenschaften« ist kein einfach zu fassender Begriff. Was für den einen gut meint, ist für den anderen ein Indikator für Ungewünschtes. Mancher liebt die Spritzigkeit klassischer italienischer Rennmaschi-

nen, ein anderer zieht den Geradeauslauf eines Hollandrades vor.
Unter guten Fahreigenschaften sollte man also vor allem die Frage verstehen, ob die Eigenschaften des Rades den individuell gewünschten Tugenden entsprechen und in das Nutzungsprofil passen. Generell halte ich eine gewisse Reaktionsfreudigkeit bei Pendel- und Stadträdern für vorteilhaft. Im Gewühl der Innenstadt tauchen Hindernisse oft urplötzlich auf. Ungeachtet der eigenen Geschwindigkeit ist ein schnelles Reagieren des Rades überlebensnotwendig. Dieses Quentchen Lenkfreudigkeit ergibt sich meist schon aus den kleinen Laufrädern der Falträder, dazu später mehr.
Bei einem Modul-Bike für den Pendelverkehr, das seinen Besitzer kaum weiter als zwei bis acht Kilometer tragen muß, ist ein fahrraduntypisches Fahrverhalten durchaus vertretbar. Liegt die Priorität eher auf der Verwendung als Fahrrad denn als Gepäckstück oder Staugut, so gilt das Motto des Herstellers Montague »Bicycles that fold, ... not folding bicycles«.

Preiswert in der Anschaffung

Der Durchschnittspreis der in Deutschland verkauften Fahrräder liegt zur Zeit bei etwa DM 600,–. Für diesen Preis ist sicherlich kein vernünftiges Faltrad erhältlich. Ein Faltrad muß neben den fahrradtypischen Qualitätsmerkmalen auch der »Transportoption« Rechnung tragen. In der Anschaffung ist das preistreibend. Falträder sind etwa 30 Prozent teurer als herkömmliche Räder mit gleichen Komponentenserien und

Ekkehard Demand entwickelt seit vielen Jahren Falträder für den eigenen Bedarf und überprüft dabei die Faltfunktion mittels Holzmodellen. Das spart Geld und schützt vor Fehlkonstruktionen.

Hoch des Lobes war die Zeitschrift Sportrad für das Micro Bike, sie empfahl es trotz des eher hohen Preises und einem tatsächlichen Gewicht von 12 Kilogramm.

identischer Rahmenqualität (Rohre und Verarbeitung). Dafür sind die spezielle Konstruktion der Räder samt der notwendigen Spezialbauteile sowie die kleinen Stückzahlen mit zumeist hohem Handarbeitsanteil verantwortlich. Avanciert das Faltrad zu einem ständigen Begleiter während der alltäglichen individuellen Mobilität, so sind die 30 Prozent Mehrpreis aber schnell wieder »eingefahren«.

Zuverlässigkeit

Für die Wahl eines Gebrauchsrades unter den Falträdern dürfte dies neben Packmaß und Faltgeschwindigkeit das ausschlaggebende Kriterium sein. Wie bereits oben angeführt, müssen Falträder funktionieren, ansonsten schwenkt man auf ein anderes, zuverlässigeres Verkehrsmittel um, ähnlich dem Wechsel eines Spediteurs, der seiner Pflicht nicht nachkommt.

Die Zuverlässigkeit hat folgende Teilaspekte:

Über dieses amerikanische Faltrad ist außer einer Adresse in den USA nichts bekannt. Der aufwendige Faltmechanismus sorgt für ein kleines Packmaß.

- Verschleiß
- Serviceintervalle
- Defektanfälligkeit
- Reparaturfreundlichkeit
- Ersatzteilfreundlichkeit
- Diebstahlsicherheit

Verschleiß

Kette samt Ritzel und Kettenblättern, Reifen und Bremsbeläge sind die klassischen Verschleißteile des Fahrrades. Aufgrund der zumeist kleinen Räder eines Faltrades ist der Reifenverschleiß höher. Ein 20-Zoll-Rad dreht sich etwa ein Drittel häufiger als ein 27-Zoll-Laufrad. Oftmals kommt hinzu, daß die Reifen einfacher Klappräder von schlechter Qualität sind. Dies verkürzt die Erneuerungsintervalle nochmals. Der Antrieb (Kette, Kettenblätter und Ritzel) nutzt sich schneller ab, weil die kleinen Laufräder durch eine große Übersetzung kompensiert werden. Dies sorgt für sehr kleine Ritzel und hohe Kettenlaufgeschwindigkeit, was den Verschleiß beschleunigt. Kurze Kettenstreben erhöhen den Kettenschräglauf und bedingen so ebenfalls einen erhöhten Verschleiß. Die Idee eines Zahnriemenantriebes drängt sich auf und findet auch Gebrauch. Ölfreie Konstruktion und hohe Lebensdauer stehen dem Riemen zugute, dafür muß man sich jedoch auf eine Nabenschaltung beschränken und Verluste von etwa 5 bis 10 Prozent gegenüber einer Kettenschaltung in Kauf nehmen.

Serviceintervalle

Ein Großteil der Serviceintervalle entfällt auf den Verschleiß. Desweiteren sind das Justieren der Bremsen und Schaltung sowie die Kontrolle des Luftdrucks die häufigsten Gründe für einen »Boxenstop«. Durch eine geschickte Komponentenwahl können die Serviceintervalle verlängert werden. So ist eine Trommel- oder Scheibenbremse unter diesem Gesichtspunkt vorteilhaft. Auch sind dickere Schläuche in den Reifen in diesem Zusammenhang empfehlenswert, da sie den Druck länger halten. Eine Naben- oder Kettenschaltung mit hydraulischen Kabeln und/oder ausschaltbarer Rasterung ist ebenfalls dienlich.

Defektanfälligkeit

Defekte treten durch
- Mangelnde Pflege
- unsachgemäße Benutzung
- Fehler in der Konstruktion und Produktion
- Fremdeinwirkung
- unsachgemäße Reparatur

auf. Bei Falträdern ist besonders der Punkt »Fehler in der Konstruktion und Produktion« hervorzuheben. Falträder sind in der Regel Kleinserienproduktionen, manche Modelle weisen eine hohen Umfang an Spezialteilen auf und sind in hohem Maße von Hand gefertigt. Diese drei Umstände öffnen dem Defektteufel Tür und Tor. In der Realität sind solche Defekte jedoch sehr selten und die

Maßnahmen zur Behebung fließen umgehend in die laufende Produktion ein. Die Hersteller verhalten sich sehr kulant, um ihres eigenen Rufes willen. Dennoch besteht dieses Risiko und neue Hersteller und Produkte am Markt sollten deshalb kritisch beäugt werden.

Unsachgemäße Nutzung und Reparatur ist auch bei Falträdern schwer dingfest zu machen. Ist das hastige Zusammenlegen des Rades unter Zeitdruck, bei dem ein Haken abbricht, bereits unsachgemäß? Wie verhält es sich mit einem schwerbeladenen Gepäckträger, der bricht?

Defekte durch Fremdeinwirkung haben hauptsächliche zwei Erscheinungsformen: der berühmt-berüchtigte Zusammenstoß mit anderen Verkehrsteilnehmern und Vandalismus. Wird ein Faltrad geparkt, so unterliegt es der Gefahr, Opfer randalierender Mitmenschen zu werden. Gegen Unfälle ist nur das Kraut der Vorsicht gewachsen und das Bemühen, daß man nicht schneller radelt, als der Schutzengel fliegt.

Reparatur- und Ersatzteilfreundlichkeit

Die Reparatur- und Ersatzteilfreundlichkeit hängt nicht vorrangig von den verwendeten Komponenten ab, wie vielfach behauptet wird. Die Konstruktion gibt hierfür die Vorgaben wie Radgröße, Bemaßungen der Gewinde, Durchmesser und Einbaubreiten. Bei einem Rad, das auch fernab der Heimat zum Einsatz kommt, ist darauf zu achten, daß ausschließlich weitverbreitete Bauteile Verwendung finden. Diesem Vorsatz macht die Zerleg-Konstruktion natürlich ein frühes Ende: Wo Scharniere und Hebel sitzen, sind Serienbauteile meist fern. Allerdings sind die Sonderbauteile der Faltradhersteller in der Regel eben aus diesem Umstand heraus sehr solide konstruiert. Das Augenmerk der Ersatzteil- und Reparaturfreundlichkeit sollte deshalb auf den »traditionellen« Anbauteilen liegen. Erfahrungsgemäß kann man ein gewissenhaft komplettiertes Rad mit folgenden Schlüsseln demontieren (Tretlager ausgenommen):

- 8, 10, 14 Millimeter Maulschlüssel
- 4, 5, 6 Millimeter Inbusschlüssel
- mittlerer Schlitzschraubendreher
- mittlerer Kreuzschraubendreher
- mittlere Spitzzange

Design

Im Fahrradbereich ist der Trend auszumachen, daß sich das Design des Fahrrades zu einem Selbstzweck entwickelt. Manche Räder sind schön aber »sinnlos«, weil sie für außerhalb der Selbstdarstellung keinen Einsatzbereich haben. Der Cruiser-Boom ist ein Beispiel dafür. Im krassen Gegensatz dazu steht das Design des Faltrades. Es folgt konsequent der Maxime: »Form follows function«. Das Erscheinungsbild des herkömmlichen Fahrrades ergibt sich vor allem aus den Geometriedaten, der Laufradgröße und dem Verwendungszweck, der die Lenkerform und -höhe, sowie Sattelpositionierung vorschreibt. Diese Fixpunkte des Rades werden schlicht mit Rohren verbunden. Kunststoffe bieten die Möglichkeit, statt einer Rohrkonstruktion »fließende« und großflächige Verbindungen zu schaffen. Beim Modul-Bike gibt es weiterhin die Fixpunkte, welche die Klapp- und Zerlegbereiche markieren. Das schlichte »Verbinden« der Fixpunkte, welche die Rahmenform schaffen, schließt sich beim Faltrad aus, weil die Fixpunkte der Konstruktion im gefalteten Zustand völlig anders angeordnet sind: Verbindungen, die im fahrbaren Zustand zweckdienlich sind, verhindern das Zusammenklappen, hingegen können Rahmenformen, die dem Packmaß Tribut zollen, zum Beispiel der Kettenlinie der »Ready-To-Ride« Position im Wege stehen. Womit das Dilemma des Faltradrahmens von der technischen Seite aus beschrieben ist. Was das Design angeht, ergeben sich daraus oft sehr unansehnliche Rohrkonstruktionen, die man eher als »Faltmaschinen« denn als Fahrräder wahrnimmt. Nur wenige Falträder haben ein auf Anhieb ansprechendes Design. Oft wird man durch die technische Finesse des Rades dazu hingerissen, es auch als schön zu bezeichnen. Einige Falträder haben eine eigene Ästhetik, die nach einer Gewöhnungszeit Reiz bekommt. Dies gilt zum Beispiel für die »Space-frame« Moultons.

Gewichtung schafft Profil

Jeder Konstrukteur eines Faltrades muß eine Gewichtung der Anforderungen vornehmen, die Basis seines Designs werden sollen. Sofern er als Produzent auftreten möchte, tut er gut daran, in Werbung und Broschüren dieses Produktprofil zu benennen. Schließlich kann ein Kunde nur zufrieden sein, wenn sein Anforderungsprofil sich möglichst genau mit den Designvorgaben des Herstellers deckt. Wichtig ist in diesem Zusammenhang auch der Umfang an Möglichkeiten, das Rad nach dem Kauf auf die eigenen Bedürfnisse hin zu modifizieren. Statt praxisferner Beispiele werden hier vier Serienfalträder mit den jeweiligen verschiedenen Ansätzen vorgestellt. Freilich kann es sein, daß mancher Hersteller die Entstehung seines Rades ganz anders sieht. Vordergründig sollen diese Beispiele eine Argumentationskette bilden, die die Konstruktion schlüssig erscheinen läßt.

1. Brompton »Brompton«
2. Green Gear Cycling »Bike Friday«
3. MAS Design »Strida«
4. S & S-Machine Bicycle Torque Coupling

Andrew Ritchie ist der geistige Vater des Brompton. Hier steht er vor der Brompton-Fabrik im Westen Londons.

1. *Das radelbare Gepäckstück ist das Ziel!*

Das Rad von Andrew Ritchie überzeugt durch eine Geradlinigkeit der Konstruktion, wie sie auch bei den »starren« Geschwistern eine Seltenheit ist. »Das Brompton – Ingenieurkunst in Reinkultur« beschreibt Thomas Froitzheim (Radfahren Extra 4/91, S. 41) das Konzept und trifft den Kern der Sache insofern, daß dem Brompton in keinem Detail oder als Ganzes irgendein »Schnickschnack« anhaftet. Die Konsequenz, mit der das Rad von der Idee/dem Anforderungsprofil ausgehend auf die Räder gestellt wurde, ist verblüffend.

Nach der Hymne zu den Fakten. Das Brompton sollte auch in den Bereichen funktionieren, in denen das Bickerton versagte: Das Packmaß sollte kleiner sein. Die sperrigsten Teile eines Faltrades sind die Laufräder und der Rahmen. Laufräder zu teilen, macht wenig Sinn, also galt es, die kleinste Radgröße mit vertretbaren Fahreigenschaften zu wählen: 16x1 3/8« (ETRO 37-349). Diese bietet zudem den Vorteil, daß die Reifen preiswerter als die Moultonreifen sind. Es bot sich an, den Rahmen in den Klappvorgang einzubinden. Der schwingende Hinterbau verkleinert den Rahmen um ein Drittel. Das Hinterrad wird unter den Hauptrahmen geklappt, wie eine Speerspitze ragt die Vorderradpartie hervor. Ein weiteres Gelenk ist der Schlüssel für die Schrumpfkur. Umgeklappt findet der Vorbau an der Gabel Platz. Das Ergebnis ist kaum 10 Zentimeter höher, breiter und tiefer als die Laufräder.

Die Stellung, die Andrew Ritchie in der Geschichte des Faltrades einnehmen wird, erhält er vor allem dafür, daß er einen Paradigmenwechsel der Faltradkonstruktion einleitete: Während alle Falträder zuvor (vereinfacht gesagt) zerteilte oder gefaltete Räder waren, ist das Brompton auch im geklappten Zustand eine homogene

Einheit. Das ist des Bromptons Kern: Die Konstruktion hatte als Leitbild ein Gepäckstück. Damit wird das Rad zu dem, wofür es viele schätzen und was es einmalig macht. Es ist ein Rad, mit dem man verpackt wirklich und unkompliziert reisen kann. Kein Kabel steht vom gefalteten Rad ab, die Schutzbleche nehmen beim Falten keinen Schaden und die Lichtanlage ist sicher verstaut.
Schlüssig ist auch die Weiterentwicklung zu einem modularen Rad-Konzept: Eine Pumpe ist dabei, das Rad läßt sich schnell einstellen und abstellen. Das ergänzende Trägersystem und Taschen runden das »Prinzip Brompton« ab. Der Pendler hat ein leichtes Rad mit guten Fahreigenschaften, das im Handumdrehen zum handlichen (!) kompakten Gepäckstück wird. Das funktionierende radelbare Gepäckstück war das Ziel! In der Faltradentwicklung entspricht dies dem sogenannten »kontinentalen Ansatz«.

2. Rad bleibt Rad,
da stört kein Falten

Entsprechend dem »amerikanischen Ansatz« war folgende Zielvorgabe definiert: Fahrqualitäten dürfen unter

Hanz und Alan Scholz schufen mit dem Bike Friday Travel-System eines der sportivsten Falträder am Markt. Das Bike Friday spricht vor allem den ambitionierten Radsportler an.

dem verkleinerten Packmaß nicht leiden!
Im nächsten Schritt mußte das angestrebte Packmaß festgelegt werden. Die Wahl traf einen Samsonite-Koffer, der in seinen Maß exakt die Größenvorgaben der wichtigsten Fluggesellschaften ausschöpft. Wegen der großen Reifen- und Felgenauswahl aus dem BMX-Bereich traf Hanz Scholz die Entscheidung zugunsten der 20-Zoll-Größe. Der Hauptrahmen durfte die Maße des Koffers nicht überschreiten, so erhielt er einen sehr niedrigen Durchstieg. Der lange Sattelmast umgeht das Risiko überlanger Sattelstützen, die oftmals ein weiches Fahrverhalten erzeugen. Die Hinterradschwinge wurde so angeordnet, daß sie vom Hinterrad befreit direkt in den Koffer paßt. Ein langer Vorbau kompensierte die kleine Rahmenhöhe. Doch wohin mit dem Koffer, wenn man am Zielort angekommen ist? »Das Ding muß mit!«, dachte sich Hanz und konzipierte kurzerhand ein Anhängergestell unter den Koffer. Auf Reisen passen diese Utensilien ebenfalls hinein. – Das »Friday-Travel-System« war geboren. Damit das Friday dem Besitzer auch wirklich die Fahrqualitäten des gewohnten Rades bietet, werden alle Fridays auf Maß gefertigt, worunter bei Green Gear verstanden wird, daß der Sattelausleger und der Vorbau dem Fahrer entsprechend bemessen sind. Die Fahrqualitäten sind mittlerweile berühmt und berüchtigt; Kriteriumrennen, Triathlons und Marathonrennen wurden auf dem Pocket Rocket (»Renn-Friday«) gewonnen, Fotografen und Kuriere nutzen die quirligen Falträder aus Eugene.

3. Wieviel »Fahrrad« braucht ein Faltrad?

Falträder sind gar nicht so recht etwas für Radfahrer, sondern eher etwas für die mobile Gesellschaft! So oder so ähnlich könnte die Grundthese von Mark Sanders lauten. Sein Strida sucht den Vergleich zum herkömmlichen Fahrrad nicht. An dessen Maßstäben scheitert es ohnehin. Zwar hatten sich vor ihm schon viele am Durchschnittsmobilisten (meist Automobilisten) orientiert, doch alle machten den Fehler, diesem velophiles Gedankengut in den Kopf zu legen. Während der Radfahrer zum Beispiel die ölige Kette als von Gott gegebenes Schicksal hinnimmt, hinterfragte Mark Sanders sie, wie es jeder »saubere« Autofahrer – zu recht – tut. Die Kette muß weg! – war der Schluß. Mit diesem Ansatz strich Sanders Punkt für Punkt weg, was der »Otto Normalbürger« am Fahrrad nicht wünscht, nicht nutzt und/oder nicht braucht. Wieviel Rad fährt man überhaupt? Kaum mehr als zwei bis drei Kilometer, legte Sanders fest. Die zweite Frage war: Wieviel Fahrrad braucht man für diese Strecke? Sehr, sehr wenig, stellte sich heraus: Keine

So revolutionär wie umstritten, so einfach wie zweckorientiert – Das Strida von Mark Sanders geht neue Wege in der Fahrradkonzeption.

Schaltung, kein Licht, keine Ständer und keine (im traditionellen Radlerverständnis) soliden Fahreigenschaften. Auch steif mußte der Rahmen nur bedingt sein. Dafür verlangen Autofahrer eine gute Optik, geringen Wartungsaufwand und simple Technik, sowie einfache Handhabung des Faltmechanismus. Ein Gepäckträger durfte ebenfalls nicht fehlen. Diese Erkenntnisse und der Wunsch, eine preiswerte Massenproduktion zu ermöglichen, sowie eine gute Portion Innovation sorgten für das Dreieck-Design aus Aluminium und Plastik. Mit dieser Rahmenform konnte Sanders auch ein superschnelles Zusammenlegen des Rades realisieren. Dem unter anderem autofahrenden Bürger ist die Größe des Packmaßes nicht so wichtig wie einfaches Handling. Von schlechten Rädern nicht verwöhnt, ist er auch mit einem mäßigen Fahrverhalten zufrieden. In der Tat ist das Strida gewöhnungsbedürftig, vor allem von seiten der Radfahrer kam darüber Unzufriedenheit auf. Die einseitige Radaufhängung spart Material, vereinfacht das Flicken der Schläuche, gibt dem Rad eine ergänzende besondere Note und ermöglicht das praktische Transportieren als Spazierstock mit Rollen. Einfach, sauber, schnell zu falten und elegant sollte das Strida werden. Alleine der Ansatz, konsequent auf den Markt hinzuarbeiten, hebt das Rad von der Mehrheit der Falträder ab, die meist aus der eigenen Not der Erfinder geboren sind und nur dieser Abhilfe leisten.

4. 100 Prozent Fahrrad

S & S-Machine aus Roseville in Kalifornien vertritt nahezu den gegensätzlichen Standpunkt zu Mark Sanders. Die Frage lautet hier: Wie viel »Falt« braucht der Radfahrer? Kern dieses Ansatzes ist die Einsicht, daß Radfahrer eher Komplikationen beim Transport als Einbußen der Fahrqualität hinnehmen. Zweitens faltet der Durchschnittsradfahrer sein Rad nicht sehr oft, werkzeugfreies Zerlegen und Packzeit haben deshalb gar

Die Bindungen von S & S-Machine lassen sich an jedem Stahl- und Titanrad nachrüsten und erlauben ein – wenn auch aufwendiges – Zusammenlegen.

Selbst sperrige Langliegeräder oder Tandems werden so reisetauglich.

nicht höchste Priorität. Die Grundidee bestand also darin, dem herkömmlichen Rad soviel Packmaßreduktion wie möglich beizufügen, ohne dabei auch nur den geringsten Anteil anderer Qualitäten einbüßen zu müssen. Jeder leidenschaftliche Radfahrer muß zugleich auch ein verkappter Mechaniker sein. Die Einsicht, daß Radfahrer für ein hundertprozentiges Rad auch bereit sind, Schraubenschlüssel in die Hand zu nehmen, erlaubte der Firma S & S-Machine, ihr Konzept eines transportablen Rades als Zerlegeversion zu entwerfen. Als größte Einzelteile der Konstruktion wurden die Laufräder angesehen.

Die Demontage der Laufräder, der Satteleinheit und des Lenkers überfordert den Radler nicht. Bleibt der sperrige Rahmen, als Transportproblem und Garant für Fahrqualität und Stabilität. Bisher scheiterten alle Versuche, den traditionellen Diamantrahmen zu zerlegen. Die Lösungen waren unästetisch und klapprig. Außerdem verhindern diese ein optimales Packmaß zugunsten des einfachen Faltens ohne Werkzeug. Die Lösung fand sich in einem Bajonettsystem. Diese bewähren sich seit Jahrzehnten im Fotobereich und in der Industrie. Bei entsprechender Auslegung ist das Bajonett steifer als das Rohr, welches es teilt. Zwei dieser »Bicycle Torque Coupling« Bajonette/Kupplungen werden ähnlich wie Muffen in den Rahmen eingelötet. Die eine etwa 10 Zentimeter von der Sattelmuffe entfernt in das Oberrohr, die zweite mit gleichem Abstand zur Tretlagermuffe in das Unterrohr. Der Rahmen läßt sich mit einem speziellen Hakenschlüssel einfach zerlegen. Sattel, Laufräder und Lenker werden herausgenommen und mit etwas Vorsicht bei den Zügen läßt sich das Rad in einem Koffer von etwa 70 x 70 x 30 Zentimetern verstauen. Nicht das kleinste vorstellbare Maß, aber doch das kleinste, was mit herkömmlichen Laufrädern denkbar ist. Der Clou ist, die Bajonette lassen sich nachrüsten. Sie sind leise und wartungsfrei und das Fahrrad legt lediglich 250 bis 300 Gramm Gewicht zu – Beim Fahren ist kein Unterschied festzustellen, umso größer ist der Unterschied beim Transport – himmlisch!

Laufräder I: Rollwiderstand

Kleine Laufräder machen das Rad kompakter. Doch wie steht es um die Schnelligkeit? Das ist die Gretchen-Frage der Faltradkonstruktion! Die Meinungen über den Rollwiderstand kleiner Laufräder gehen weit auseinander.

Rollwiderstand

Während der Luftwiderstand quadratisch zur Fahrgeschwindigkeit steigt, verhält sich der Rollwiderstand konstant zum Fahrtempo. »Bis zu einer Geschwindigkeit von 4,5 m/s (16 km/h) ist ... der Rollwiderstand größer als der Luftwiderstand ...« (Thomas Senkel in Pro Velo 32).

Daraus folgt für den Pendel-Faltradfahrer, daß er gut daran tut, dem Rollwiderstand eine hohe Bedeutung beizumessen. Da man im Pendelverkehr oder mit viel Gepäck fahrend vorwiegend unterhalb von 25 km/h unterwegs ist, ist der Rollwiderstand der größte Gegner. Folgende Einflußfaktoren hat der Rollwiderstand:

- Reifengröße (Breite, Durchmesser)
- Laufradgröße (Durchmesser)
- Reifendruck
- Aufbau und Konstruktion des Reifens (Material und Schichten)
- Belastung (Gewicht des Systems von Fahrzeug, Fahrer und Beladung)

Dieses Quintett vereint sich in der Aufstandsfläche. Sie ist des Rollwiderstandes Kern.

Als externer Faktor kommt die Beschaffenheit der Straße hinzu. Die Beschaffenheit des Untergrundes hat auch Einfluß auf die Rollqualitäten eines bestimmten Reifens. Reifen, die auf der aalglatten Asphaltpiste flitzen, sind auf weichem Untergrund nicht zwangsläufig schnell. Selbst unter den verschiedenen Belägen von Radwegen gibt es dramatische Unterschiede von bis zu 50 Prozent. Das Styling des Reifens greift stark in den Rollwiderstand ein. Es sei aus technischer Sicht kurz darauf hingewiesen, daß sich Profil negativ auf den Rollwiderstand und auf die Haftung eines Straßenreifens auswirkt.

Der Rollwiderstand schlüsselt sich in zwei Einzelkomponenten auf: dem Abrollwiderstand und dem Walkwiderstand. Sie entstehen in der und um die Aufstandsfläche herum.

Aufstandsfläche

Indem die Radlast auf den Reifen drückt, schmiegt sich dieser dem Untergrund an – diese Fläche wird Aufstandsfläche genannt. Reifengröße, -breite und -druck »zeichnen« das Bild der Aufstandsfläche, die stets einer Ellipse entspricht. Bei gleichem Druck ist die Auflagefläche des breiten Reifens identisch mit der des schmalen Reifens. Die Ellipse des breiten Reifens ist orthogonal zur Fahrtrichtung ausgerichtet. Sie befindet sich beim schmalen Reifen in Fahrtrichtung. Geringer Druck läßt die Größe der Aufstandsfläche wachsen.

Abrollwiderstand

Das Abrollen ist ein stetiges Kippen über ein imaginäre Kante; so die theoretische Eselsbrücke der Physiker. Dünne Reifen mit daraus resultierender länglicher Auflagefläche erhöhen den Abrollwiderstand. Gleiches gilt für kleine Durchmesser.

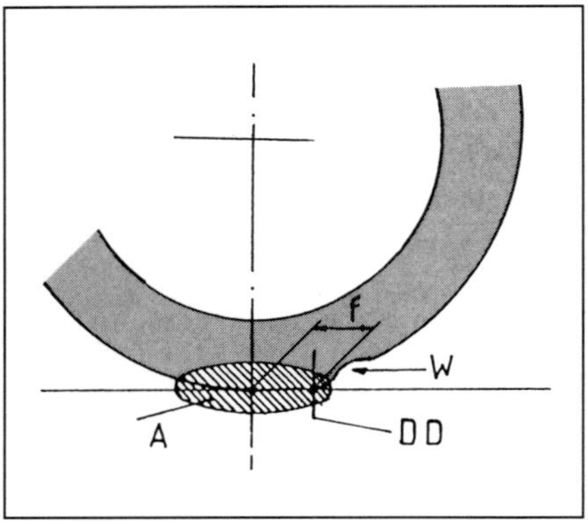

Vor der Auflagefläche (A) bildet sich ein Wulst (W), der an der Kippkante (DD) seinen Ursprung hat. Die Walkarbeit beschreibt die energetische Arbeit der Wulstbildung und deren Abbau. Der Abrollvorgang ist ein fortwährendes Kippen über die Kante DD. »f« ist dabei der »Hebelarm der rollenden Reibung«. Vereinfacht gesagt, kostet dieses Kippen Energie. Mit steigendem Raddurchmesser sinkt der Abrollwiderstand (aus: Gressmann, Fahrradphysik und Biomechanik).

Der Abrollwiderstand des breiten Reifens ist geringer.

Walkarbeit

Während des Rollens ist der Reifen in der Phase des Bodenkontaktes eben. Verläßt dieser Reifenteil den Boden wieder, so stellt der Reifendruck die ursprüngliche Form des Reifens wieder her. Die »Formungsenergie« wird als Walkenergie bezeichnet. Es ergibt sich ein Gummi-Wulst aus dem Material der Lauffläche, den der Reifen an der Spitze der Auflagefläche fortwährend vor sich her schiebt. Die Höhe der Walkarbeit ist von der Umfangslänge der Aufstandsfläche abhängig. Sie steigt mit der Länge des Umfanges an. Die Materialdicke des Reifens hat eine ähnliche Wirkung: Je dicker die Lauffläche des Reifens ist, desto höher ist die Walkarbeit. Mit steigender Einsinktiefe erhöht sich die Walkarbeit (auch Walkwiderstand genannt) proportional.

Versuche der Universität Oldenburg ergaben ein umgekehrt proportionales Verhältnis des Rollwiderstandes zur Reifengröße.

Fährt ein Rad über eine Schwelle (kleinste Unebenheiten, sog. Microhills gehören auch hierzu) so vergrößert sich »die Kontaktfläche . . ., bis der Druck, multipliziert mit der Flächenvergrößerung, die Schlagkraft ausgleicht.« (Suppanz, S. 92).

Dieser Stoßwalkwiderstand unterliegt den gleichen Gesetzmäßigkeiten wie der Walkwiderstand, er verhält sich aber sehr viel druckabhängiger. Ein dickerer Reifen kann desweiteren wesentlich mehr Energie aufnehmen und ist daher widerstandsfähiger im Einsatz gegen Kanten und Schwellen.

Das Verhältnis zwischen der Schwellengröße und der Laufradgröße zählt. Eine Bürgersteigkante von 5 Zentimetern hat gegenüber dem 28-Zoll-Laufrad ein Verhältnis von etwa 1 : 16, gegenüber dem 20-Zoll-Laufrad etwa 1:10. Entsprechend hat es das kleinere Laufrad wesentlich schwerer, das Hindernis zu überwinden – der Rollwiderstand, »Schlangenbisse« und das »Rüttelgefühl« nehmen zu.

Reifen und Luftwiderstand

Die Breite und die Oberfläche des Reifens spielen beim Cw · A-Wert des Reifens eine Rolle. Eine leicht profilierte Reifenoberfläche ist am günstigsten. Kleine Räder haben den Vorteil, daß sie weniger Stirnfläche bieten, gleiches gilt für schmale Reifen.

Die idealen Eigenschaften eines Reifen lassen sich nach Thomas Senkel wie folgt charakterisieren:

Um einen möglichst kleinen Rollwiderstandsbeiwert Cr zu erhalten, sollte ein Reifen folgende Eigenschaften besitzen:

- gute Elastizität
- kleine Aufstandsfläche
- großer Durchmesser

für eine kleine Aufstandsfläche braucht man:

- hohe Druckfestigkeit
- große Breite
- hohe Steifigkeit der Seitenwände
- großer Profilpositivanteil

Diese Eigenschaften widersprechen sich zum Teil; so hat ein elastischer Reifen auch ein geringere Steifigkeit.

Theoretische Erkenntnisse und darausfolgende Tips für die Praxis:

- In der Praxis kann man Luft- und Rollwiderstand beim Fahren nicht getrennt betrachten. Breite Reifen rollen leicht, haben aber einen höheren Luftwiderstand.
- Erstaunlich aber wahr: Bei ansonsten gleichem Aufbau und Randbedingungen hat der breite Reifen einen geringeren Rollwiderstand. Er ist solange schneller, wie der Rollwiderstandsvorteil über dem Defizit der schlechteren Aerodynamik liegt.
- Hoher Reifendruck verbessert den Rollwiderstand und die Straßenlage, erhöht die Pannensicherheit und schützt vor der »Acht im Rad«.
- Bei einem höheren Geschwindigkeitsniveau ist dem schlechter laufenden aber aerodynamisch besseren, sowie leichteren(!) schmalen Reifen Vorrang zu gewähren. Im Alltag ist der »Dicke« besser.
- Kleine Räder »rütteln« den Fahrer mehr durch und verringern so seine Leistungsentfaltung (Federungen können abhelfen).
- Es lohnt sich, den Reifen immer »knallhart« aufgepumpt zu fahren und nur im Bedarfsfall Druck abzulassen, anstatt dem Reifen stets nur die Komfortdosis zu verabreichen.
- Je rauher der Untergrund ist, desto schlechter rollen kleine Laufräder.
- Dicke Reifen sollten öfter gegen Druckabfall geprüft werden.
- Das Vorurteil »Dicker Reifen rollt schlecht« rührt nicht aus der

Breite des Reifens, sondern aus dem Umstand, daß diese Reifen mit wenig Druck gefahren werden.
- Kleine mittelbreite profilarme Reifen mit hohem Druck und rollwiderstandsoptimiertem Aufbau an einem Fahrzeug mit guter Federung scheinen das Nonplusultra zu sein – das Moulton verwirklicht diesen theoretischen Aspekte.

Laufräder II: Konstruktion

Laufräder sind das Herz des Fahrrades. Beim Faltrad sind sie der Schlüssel zum Packmaß. Nachdem der Rollwiderstand als ein Ausscheidungskriterium aufgearbeitet ist, soll der Blick nun auf andere Gesichtspunkte gerichtet werden.

Bereits angeschnitten wurde der Aspekt des Fahrkomforts bei der Laufradwahl.

Kleine Laufräder geben dem Konstrukteur die Möglichkeit, viel leichter zu bauen. Ihr Gewicht läßt sich sehr stark reduzieren. Da ihre Dimensionen kleiner sind, sind sie von vornherein konstruktiv stabiler. Somit läßt sich weiteres Material (Speichen, Materialdicke der Felge usw.) einsparen, ohne die Stabilität des Laufrades zu stark zu reduzieren. Gleiches gilt natürlich auch für die Decken, Schläuche und Felgenbänder. Hier ist dieser Umstand umso erfreulicher, weil eine Gewichtsreduktion am Außenrand des Laufrades wesentlich mehr Sinn macht, als etwa an der Nabe. Denn die Rotationsgeschwindigkeit/der zurückzulegende Weg ist an der Peripherie viel höher – das Trägheitsmoment leichter, kleiner Laufräder ist gering! Der Start an der Ampel kostet weniger Kraft und Sprintpassagen gehen leichter vom Fuß.

Ein kleines Laufrad im optimalen Umfeld (Reifen, Luftdruck, Felge, Schlauch und Federung) kann einem großen Rad mit schlechten Rahmenbedingungen durchaus den Rang abrollen.

Ein verringerter Umfang der Laufräder muß aber durch die Übersetzung ausgeglichen werden. Das fordert Spezialteile und erhöht den Preis des Rades.

Vorteile kleiner Laufräder:
- kleines Packmaß einfacher umsetzbar
- leichter
- aerodynamischer
- stabiler
- Federung läßt sich unkomplizierter realisieren
- Laufradverkleidungen sind weniger windempfindlich
- Gepäckträger erhalten eine fahrdynamisch bessere Position
- Rad ist kompakter – gut im Stadtverkehr

Nachteile kleiner Laufräder:
- ungeklärter Rollwiderstand
- holpern mehr

- eingeschränkte Teileauswahl
- Reifenverschleiß höher
- Felgen erhitzen sich beim Bremsen schneller
- Übersetzung muß angeglichen werden
- Einbau seltener Teile erforderlich (teurer)
- Ersatzteilbeschaffung ungewisser
- Schaltwerk, Ritzel und Kette verdrecken schneller durch aufgewirbelten Straßendreck
- Gepäck kann in Kurven aufsetzen
- ungewohntes Erscheinungsbild
- Felgen sind schneller durchgebremst
- werden häufiger von Gullis usw. »verschluckt«

Vorteile großer Laufräder:
- absorbieren Stöße besser
- weniger Rollwiderstand auf schlechten Straßen
- Leichtbau mit Standardteilen möglich
- keine Übersetzungsangleichung nötig
- große Teileauswahl (Felgen, Reifen, Speichen, Schläuche)
- Ersatzteilbeschaffung im Regelfall besser
- Ersatzteile billiger

Nachteile großer Laufräder:
- schwerer
- weniger aerodynamisch
- erhöhtes Packmaß oder erhöhte Zerlegezeit
- Federung schwerer umzusetzen

Es ist klar ersichtlich, daß für Falträder die Vorteile auf Seiten der kleinen Laufräder liegen.
Gänzlich abzuraten ist aus meiner Sicht von verschiedenen Laufradgrößen. Neben einem »verrückten« Erscheinungsbild spricht vor allen Dingen dagegen, daß man für den Fall eines Defekts auf zweierlei Radgrößen angewiesen ist. Schläuche, Reifen und Speichen müssen in zwei Ausführungen parat sein.

Das Fahrverhalten moderner Zerlegräder wird oft als kippelig oder spritzig charakterisiert. Diesem Phänomen läßt sich nur bedingt durch die Veränderung von Geometriewerten (etwa Steuerkopf oder Nachlauf) entgegenwirken. Die »Zappeligkeit« liegt an den kleinen Laufrädern. Michael Gressmann gibt in seinem Standardwerk »Fahrradphysik und Biomechanik« eine Antwort darauf: »Die Kreiselkräfte nehmen proportional zur Fahrgeschwindigkeit und im Quadrat des Raddurchmessers zu. Die stabilisierende Wirkung eines großen Rades macht sich schon bei niedrigen Geschwindigkeiten bemerkbar.«

Auf unterschiedlichen Wegen zum Ziel

Rahmenmaterial

Aufgrund seiner unkomplizierten Verarbeitung ist Stahl der verbreitetste Rahmenwerkstoff. Die Dimensionierung der Rohre variiert stark und ist von der Konstruktion abhängig. Die Einrohrkonstruktion verlangt sowohl größere Durchmesser als auch dickere Wandstärken (güteabhängig). Andersherum kann man bei einer Gitterrohrkonstruktion die Wandstärke wie auch die Durchmesser der verwendeten Rohre »herrunterfahren«. Die optimale Abstimmung von Rohrdimensionen und Rahmenkonstruktion verlangt auch, die Güte des Stahls in die Betrachtung aufzunehmen. Hochwertiger Stahl (nahtlos gezogen, konifiziert und veredelt) ist eine Voraussetzung für verantwortungsvollen Leichtbau. Ovalisierung gehören ebenfalls zum Repertoire eines guten Fahrradkonstrukteurs.

Spezielle Rohrsätze für einen Faltradhersteller baute bisher nur Reynolds. Die 531 (gesprochen 5/3/1) Güte bestellte Alex Moulton in Sondergrößen, die auf seinen Spaceframe abgestimmt sind.

Rahmen aus Edelstahl, der nicht korrodiert, sind bei Falträdern für den Bootseinsatz beliebt. Wichtig ist, darauf hinzuweisen, daß das Prädikat »rostfrei« keinesfalls meint, daß die Rahmen nicht rosten können. Besser ist es von »extremer Korrosionsresistenz« zu sprechen. Selbst »rostfreier« Stahl trotzt dem Seeklima nur bedingt, jedoch wesentlich länger als jede andere Stahlart.

Aluminium

Gegenüber Stahl verlangt schon Aluminium einfacher Güte ein hohes Know-how bei der Verarbeitung. Je aufwendiger das Aluminium veredelt wurde, desto schwieriger gestaltet sich das Schweißen. Verstärkt wird dieser Umstand durch die sehr dünnen Wandstärken bei extremen Rohrdurchmessern. Das Kleben von Aluminiumrahmen ist immer seltener zu finden, das Löten von Aluminium ist die neueste Entwicklung. Erfahrungen aus dem Fahrradbereich sind noch nicht bekannt.

Alles in allem ist zu sagen, das bei leichten Aluminiumrahmen in unteren Preisklassen höchste Vorsicht geboten ist. Das Aluminium den Vorteil bietet, nicht zu rosten, ist zwar richtig, doch korrodieren und verspröden auch hochlegierte Aluminiumsorten, wenn sie zum Beispiel Seewasser ausgesetzt sind.

Titan

Zur Zeit gibt es nur einen Hersteller, der Falträder aus Titan fertigt. Damien Fallowes, Leiter der Fast New Pedal Power Ltd., bietet das FASTnet Faltrad aus Titan an. Hoher Preis (und Prestigewert) ergänzen sich mit einem identischen Gewicht gegenüber anderen Materialien zu einem fragwürdigen Konzept.

Kunststoffe

Carbon, Thermoplast und Kevlar (Aramid) sind die Wunderwaffen gegen schwere Rahmen. In der Tat lassen sich mit diesen Werkstoffen bemerkenswerte Gewichtsreduktionen umsetzen. Hoher Materialpreis, starke preisliche Abhängigkeit zur Stückzahl (Kleinserien sehr teuer) wegen immensem Werkzeug-/Maschinenaufwand lassen Rahmenpreise bei geringen Stückzahlen in die Höhe schnellen und die Massenproduktion eines Faltrades in weite Ferne rücken. Negativ schlägt außerdem zu Buche, daß diese Werkstoffe in der Entsorgung umstritten sind und sich eine Reparatur defekter Bauteile sehr kompliziert gestaltet. Die punktuelle Belastbarkeit ist ebenfalls recht gering. Fällt das Rad auf einen Stein oder fällt ein spitzes, schweres Werkzeug auf den Rahmen, so sind »Platzwunden« nicht selten.

Rahmenformen

Beim herkömmlichen Fahrrad herrscht der Diamantrahmen vor. Einzig in speziellen Anwendungsgebieten ist seine Domäne gebrochen: Mountainbikes, vollgefederte Räder und Zeitfahrmaschinen wenden sich anderen Rahmenformen zu. Die Verwendung neuer Materialien und Verarbeitungsmethoden ermöglicht ebenfalls den Bau besonderer Konstruktionen. Beide Phänomene sind neueren Datums. Zur Zeit befindet sich die Fahrradindustrie in einer »Experimentierphase«. Sie ähnelt dem Zustand vor 110 Jahren, als sich der Diamantrahmen noch nicht durchgesetzt hatte.

Beim Faltrad verhält es sich ähnlich: Keine Rahmenform herrscht vor, was im Hinblick auf die mannigfaltigen Anforderungen und Einsatzgebiete nicht verwunderlich ist.

Dennoch gibt es zwei vorherrschende Konstruktionsprinzipien:

- Einrohrrahmen
- Diamantformen im weitesten Sinne (Gitterformen)

Der Einrohrrahmen benötigt wenig Raum (dreidimensionale Ausdehnung) und ist einem kleinen Packmaß förderlich. Dieses Prinzips bedienen sich zum Beispiel das Brompton, Bike Friday und das Bernds. In leicht abgewandelter Form greift das Birdy die Einrohrkonstruktion auf. Diamantrahmen finden sich am Neobike und Dahon; das Moulton

treibt die Verstrebungen dann auf die Spitze.
Zwitter beider Rahmenformen gibt es ebenfalls. Namhafter Vertreter in der Geschichte ist das Radnell in der »Y«-Bauform. Meist hat das Vorderteil ein Rohr, dieses endet am Scharnier, wo sich das Hinterteil mit zwei Rohren anschließt. Ein Rohr führt zur Sitzmuffe, das andere zum Tretlager. Das Micro und das Fold It setzen diese Bauform erstmals in großer Stückzahl um.

Verschiedene Welten: Vom Splitten und Falten

Rahmensplit

Der systemimmanente Vorteil geteilter Rahmen ist, daß man sie separat unterbringen kann. Dies ist

King-Pin nennt Moulton den langen Sicherungsstift in der oberen Rahmenverbindung. Die großen Drehgriffe erlauben eine Montage mit den Händen. Im oberen Bildrand sind die Bowdenzugtrenner zu sehen.

unter widrigen Umständen (Kofferraum ist durch eine große Reisetasche halbiert) sehr nützlich. Zwei einzelne Rahmenteile sind einfacher zu tragen als der ganze Rahmen. Ein klassischer Vertreter dieser »Trennungsvariante« ist das Bickerton. Der Rahmen wird in der Mitte auseinandergezogen und anschließend gemeinsam in eine Tasche gepackt. Salonfähig wird der Rahmensplit durch das Spaceframe-Moulton. Das Zerlegen ist beim Moulton als ergänzende Option gedacht und zielt deshalb nicht auf möglichst schnelle Packzeit oder geringes Packmaß ab. Der Rahmen sollte in seiner Konzeption und »Fahrleistung« nicht geschmälert werden. Daß für den Transport des Moultons zwei Taschen vorgesehen sind, verdeutlicht einen weiteren Vorteil des Rahmensplit: Zwei getrennt untergebrachte Fahrradteile beschädigen einander nicht.

Polfalter

Auf der Basis eines starren Hauptrahmens (Bereich zwischen Steuerkopf bis Sitzrohr) basieren die Polfalter. Ihr Faltmechanismus beschränkt sich auf das Falten oder Klappen an den Polen der Konstruktion. Reinrassige Vertreter dieser Gattung sind die Modelle der ersten Generation von Green Gear Cycling und das Bernds. Beide Firmen schwenken den Hinterbau unter den starren Hauptrahmen, entfernen den Lenker und klappen einen Sattelausleger auf das

Deutlich ist die schräge Anordnung des Hinterbaugelenks zu erkennen. Diese ist notwendig, damit das Hinterrad nicht unter den Rahmen, sondern neben den Hauptrahmen gefaltet werden kann.

Hauptrohr. Die Vorteile des Polfaltens liegen vor allem in der Steifigkeit und in den geringen Fertigungskosten für den Hauptrahmen, weil dort auf jede Art von Klappmechanismus verzichtet werden kann.

Das Birdy gehört zu den konsequentesten Polfaltern. An vier Polen des Rahmens wird geklappt oder teleskopiert: Der Hinterbau verschwindet unter dem Hauptrohr, die Sattelstütze taucht in das Sitzrohr, der Lenker klappt seitlich mit dem Vorbau um und die Gabel samt Vorderrad gesellt sich neben das Hinterrad. Auf diese Weise läßt sich ein steifer Hauptrahmen mit einem kleinen Packmaß realisieren.

Das Umschwenken des Hinterbaus ist der »Standardtrick« gegen großes Packmaß bei den Polfaltern. Das

Aufwendig sind die Muffen des Nexibikes gestaltet. Der Hauptrahmen bleibt starr, und der Hinterbau kann einfach umgeklappt werden. In der kleinsten Packform erfüllt das Rad die Vorgaben der Fluggesellschaften für die Größe des Handgepäcks.

Mit einem Schnellspanner können beim Friday der Hinterbau und der Sattelmast gelöst werden. Man klappt sie unter beziehungsweise auf den Hauptrahmen.

Hinterbaudreieck ist zumeist an der Tretlagerpartie gelagert und schwenkt unter den Rahmen. Einige Hersteller falten den Hinterbau gerade unter den Hauptrahmen. Andere Konstruktionen weisen eine asymmetrische Lagerung des Hinterbaus auf. Auf diese Weise klappt der Hinterbau nicht unter den Rahmen, sondern schräg daneben. Diese Bauform verringert die Höhe des geklappten Rades.

Buggys: Parallele Faltmechanismen

In dieser Klasse finden sich eine Vielzahl verschiedener Falträder und -mechanismen wieder. Sie werden vereint durch ineinander integrierte Zerlegefunktionen.

Bekanntes Beispiel dieser Konstruktionsform ist das Microbike. Das Rad hat einen rechteckigen Rahmen aus Aluminium-Vierkantrohren und basiert auf 12-Zoll-Rädern. Im Oberrohr findet sich ein Gelenk mit Sicherungshebel, ist dieser gelöst, so faltet man den Rahmen, indem man einen Griff am Unterrohr heraufzieht.

Beim DiBlasi-Rad sind der Hinterradschwingen- und der Sattelauslegerfaltmechanismus miteinander verbunden. Schwingt man den Sattelausleger nach vorne auf das Oberrohr, dann bewegt sich die Hinterradschwinge gleichzeitig nach vorne unter das Hauptrohr. Eine aufwendige Hebelmechanik sorgt für diesen Effekt.

Das Bridgestone-Picnica-Faltrad gehört ebenfalls zur Gattung der Buggys. Es läßt sich mit einem Handgriff falten. Die Steuerkopfpartie und der Sattelausleger verschieben sich nach hinten bis zum Hinterrad.

Großes Rad recht klein: Das Galaxe läßt sich schnell falten, bleibt aufgrund der großen Laufräder jedoch recht sperrig.

In Bezug auf das Packmaß gibt das Brompton das Ziel vor: Kein Rad ist kompakter.

Kolibri heißt dieses Faltrad, es entstand unter Federführung von Hans-H. Voss. Er gab die Herstellerambitionen zugunsten des Brompton-Vertriebs auf.

Ein klassischer Buggy: Im ersten Faltschritt legt sich der Rahmen zusammen. Sattelstütze und Vorbau folgen.

Das Moulton ist ein reinrassiges Modul-Bike. Das Packmaß ist dabei verhältnismäßig groß.

In kaum einer Minute verwandelt sich das Two's Day Falttandem von Green Gear Cycling in dieses Paket. Die Tasche befindet sich geöffnet unter dem Rad.

Mittengelenk

Soll das Rad im geklappten Zustand eine Einheit bleiben, dann ist ein Gelenk in der Mitte des Rahmens der einfachste Weg, die Länge des Rades zu halbieren. Besonders im Bereich der Militärräder war dieses Prinzip verbreitet. Einige Modelle bedienten sich zweier unabhängiger Scharniere, von denen eins im Ober- und das zweite im Unterrohr saß. Andere verbanden beide mit einer Stange. Bekanntester Vertreter der ersten Art ist das BSA Paratrooper. Je eine Flügelschraube sichert das Scharnier im oberen und unteren Rohrpaar. Zusammengelegt liegen beide Laufräder übereinander.

Noch heute ist dieses Prinzip das verbreitetste in Bezug auf die verkauften Stückzahlen, weil neben den Produzenten in der Tradition vom Paratrooper auch Neobike und Dahon ihren Faltmechanismus darauf stützen, letztere halten die Rahmendimension jedoch viel kleiner. Das Brompton klappt den Rahmen ebenfalls im Hauptrohr.

Abschließend ist unter dieser Hauptgruppe der Faltradgattungen noch die Klasse der traditionellen Diamantrahmenform mit großen Laufrädern zu nennen. Hierbei handelt es sich um Räder, die in ihrer Erscheinung und Konzeption auf dem Diamantrahmen beruhen. Das Winora-SNAP-System, das Handy von Diamant, die Montague-Räder und die S & S-Kupplungen sind die berühmtesten Vertreter des Genres.

Für den Anwender bieten diese Räder den Vorteil, daß sie sich im Fahrverhalten und Erscheinungsbild vom »klapprigen« Faltrad abwenden und dem »Big Bike« zuwenden.

Mitte der achtziger Jahre entstand mit dem Montague ein erstes fahr- und faltbares Konzept, das den An-

Mit einem aufwendigen Spannhebel und einem Gelenk faltet man das PortaCycle. Auffällig ist das nach hinten versetzte Sitzrohr.

Die Flügelschrauben des Original BSA Paratrooper sind beim Galaxe-Nachbau durch moderne und deutlich funktionellere Schnellspanner ersetzt.

sprüchen der modernen Radfahrer wirklich gerecht wurde. Der Rahmen wird zwar nicht mittig in den Rohren, jedoch im Sitzrohr geklappt. Er besteht im Prinzip aus zwei Dreiecken. Durch das Sitzrohr des Hauptrahmendreiecks ist ein Rohr geführt, das mit den Ketten- und Sitzstreben ein zweites Dreieck bildet. Die beiden Sitzrohre sind passgenau, und Schnellspanner sowie ein Sicherungssplint sorgen für einen steifen Rahmen mit fester Verbindung beider Dreiecke. Um das optimale Klappmaß zu erreichen, muß das Vorderrad entnommen werden.

Steve Smilanick, Erfinder und Hersteller der S & S-Machine-Bindung, realisierte mit seinem System die eleganteste und »unauffälligste« Umsetzung des zerlegbaren Diamantrahmens.

Sonderkonstruktionen

Das italienische »Pocket Bicy« aus den sechziger Jahren hatte einen doppelrohrigen Rahmen in Form eines großen an den Ecken gerundeten Rechtecks. Die verschiedenen Ausleger (Sattel, Lenkereinheit, Hinterrad und Vorderradaufhängung) wurden nach innen in den Rahmen geklappt. Die Rohre des Hauptrahmens schützten im gefalteten Zustand alle Komponenten und gaben der Tasche Form und Stabilität.

Stahlseil-Konstruktionen

Rohre durch Seile zu ersetzen, ist nicht in jedem Falle möglich. Die Konstruktion des gesamten Rahmens muß dafür ausgelegt sein. Prinzipiell eignen sich nur Rohre dazu, die auf Zug belastet sind. Bei einer Diamantrahmenform ist lediglich das Unterrohr durch ein Stahlseil austauschbar.

Anders verhält es sich bei einer Kreuzrahmenform. Diese Form unterscheidet sich vom »X-Frame« durch einen anderen Verlauf der beiden sich kreuzenden Rohre. Bei der Kreuzrahmenform läuft ein Rohr vom Sattel zum Tretlager, ein weiteres von der Hinterradnabe zum Steuerkopfrohr. Bisweilen ist eine einseitige Aufhängung des Hinterrades zu finden. Im Regelfall werden die Kettenstreben hochgelegt und liegen in einer Seele mit dem zum Steuerkopf verlaufenden Hauptrohr. Die Stahlseile verbinden die vier Enden des Kreuzes.

Beim British Cycling Bureau Design Contest 1979 belegte diese Konstruktion von Graham Herbert den dritten Rang. Sie läßt sich mit wenigen Handgriffen zu einem länglichen Paket falten. Das Rad ist unter dem Namen Airframe-Bike bekannt.

Zur Zeit ist nur ein zerlegbares Rad mit Seilkonstruktion im eigentlichen Sinne am Markt. Aus Amerika sind die Räder der Firma Slingshot erhältlich. Diese Modelle mit »abgesägtem« Unterrohr lassen sich recht einfach zerlegen.

X-Bikes

Bei einer X-Frame-Form besteht der Rahmen aus zwei »Konstruktionsrohren«, die sich mittig kreuzen. Während das eine vom Vorderrad zum Sattel verläuft, sucht das zweite den Weg von der Lenkerpartie zur Hinterradnabe.

Am Kreuzungspunkt beider »Rohre«, besser ist es, von Konstruktionsebenen zu sprechen, sitzt der Faltmechanismus. Das Packmaß ist sehr länglich bei geringer Breite und Höhe.

Ein erster Blick auf die Konstruktion zeigt auch Probleme auf: Die Übertragung der Lenkbewegung ist nur durch ein Gestänge oder Seil zu realisieren. Eine aufwendige Achsschenkellenkung ist deshalb meist ebenfalls mit von der Partie.

In Verbindung mit neuen Werkstoffen und modernen computergestützten Konstruktionen rückt der Bau von X-Frames in erreichbare Nähe. Von Clive Sinclair existieren Bilder, auf denen er einen Gerüchten zufolge nur vier Kilogramm schweren Prototypen zur Probe fährt.

Bedeutendes Argument für dieses Konstruktionsprinzip ist die Optik. Kein anderes Faltradkonzept verbindet cooles Styling so gut mit gelungener Faltfunktion.

Liegeräder

Die Freunde der Liegeräder haben auf Reisen ein schweres Los. Sie möchten die Vorzüge ihres Rades nicht missen und werden von Radverleihstationen im Stich gelassen. Es bleibt ihnen nichts anderes übrig, als ihr eigenes Liegerad mitzunehmen. Im allgemeinen gelten diese Räder als sehr sperrig, was sich insbesondere bei kurzen Liegerädern aber als Trugschluß erweist.

Es gibt einige Faltliegeräder am Markt. Unabhängig vom Radstand bereitet der verhältnismäßig große Sitz beim Transport Probleme. Aus den USA ist das Linear-Liegerad bekannt. Über 1.500 Exemplare werden pro Jahr produziert. Mittels Schnellspanner können der Hinterbau und die Frontpartie nach innen geklappt werden. Der Sitz »macht sich flach« auf dem Aluminiumprofil des Hauptrahmens. Die Firma Cresswell bietet mit dem Rapide ein weiteres faltbares Langliegerad an.

Die kalifornische Firma »Easy Racers« verbaut S & S-Machine-Bajonette. Dank dieser Bindungen lassen sich die langen Liegetandems in handliche Pakete verpacken.

Möchte man Gerüchten Glauben schenken, dann gibt es im Hause Green Gear Cycling ein Liegerad-Adapterkit, das aus jedem Friday ein Liegerad macht, das weiterhin im Samsonite-Koffer verschwindet ... offiziell ist jedoch noch nichts zu vernehmen.

Juliane Neuß macht diesen Traum wahr. Ihr Adapterkit macht aus dem Brompton ein Liegerad. Der Adaptersatz ist für jedes Brompton nachrüstbar und wird für etwa DM 900,– in den Handel kommen. Dank einer geschickten Konstruktion beschränken sich die Umbauarbeiten auf eine Erstmontage und ermöglichen im Anschluß jederzeit, das Rad schnell wieder zu einem »normalen« Brompton umzubauen. Das Rad paßt danach leider nicht mehr in die Standard-Tasche hinein. Der Adaptersatz macht aus dem kleinen Faltrad einen quirligen Flitzer mit Spannsitz (55 Zentimeter Sitzhöhe) und Obenlenkung.

Falttandems

Der Spaß zu zweit auf einem Rade ist von je her ein besonderer. Schon in der dunklen Zeit des Klapprades in den Sechzigern gab es Klapptan-

Zusammen mit dem doppelstöckigen Anhänger ist das Two'S Day ein reisetaugliches Tandem.

Im ersten Schritt zerlegt man den Anhänger und demontiert die Sattelstützen, Flaschenhalter und Pedale.

Von den Laufrädern und dem Vorbau befreit, kann der Rahmen, nachdem die Züge getrennt und ausgehängt wurden, auseinandergenommen werden.

Im Lieferumfang befindet sich neben Werkzeug und Montagedecke auch eine Vielzahl von Schutzschläuchen und Lappen, diese werden über die Rohrenden und einzelne Komponenten gestülpt.

Je ein Samsonite-Koffer bildet das Behältnis für ein Rahmenteil. Die restlichen Komponenten verteilen sich auf beide Koffer.

25 Minuten benötigen geübte Two'S Day-Besatzungen, um das Rad in zwei handliche Reisekoffer zu verpacken.

dems. Von diesen soll hier – Gott sei Dank – nicht weiter die Rede sein, vielmehr wenden wir uns den aktuellen »performance machines« zu, wie es im Englischen heißt.

Drei bekannte Namen sind auf diesem Sektor zu finden: Green Gear Cycling, Montague und S & S-Machine. Die Konzeption aller drei Räder hat eines gemeinsam. Alle drei Firmen haben ihr »Falt-Prinzip« lediglich auf ein Tandem umgesetzt. Neue Aspekte sind nur in den Details zu entdecken.

Einfach vorstellbar ist die Vorgehensweise mit S & S-Bajonett. Was an einem Diamantrahmen perfekt funktioniert, kann an einem Tandemrahmen nicht scheitern. Namhafte Hersteller wie zum Beispiel Santana und Bilenky versorgen ihre Rahmen einfach mit acht S & S-Bajonetten. Das große Unterrohr wird dabei gegen zwei separate Rohre ausgetauscht. Arbeits- und Materialaufwand sind beträchtlich. Die Mehrkosten bei einem Santana-Stahlrahmen belaufen sich auf etwa DM 1.800,–, soll es ein Rahmen aus Titan sein, so muß der Enthusiast etwa DM 5.000,– auf den Titanrahmen-Preis (DM 13.500,–) drauflegen . . .

Montague integriert in beide Sitzrohre eine Achsung und erreicht so ein adäquates Packmaß, jedoch mit beträchtlicher Tiefe. Höhe und Breite unterscheiden sich nur geringfügig vom Solorad.

»Yacht-Falter«

Die Anforderungen an Falträder im Bootsbereich unterscheiden sich vom gewöhnlichen Zerlegradbetrieb in drei Punkten. Erstens haben Yachtfolder oft sehr lange Standzeiten, in denen sie nicht benutzt und klein zusammengepackt über die Meere dieser Welt chauffiert werden. Zweitens sind sie fortwährend dem Meeresklima ausgesetzt und drittens kommen sie auch bei schlechtem Wetter zum Einsatz. Deshalb sollten Bootsfalter einen sehr geringen Wartungsaufwand benötigen, dafür sind Zahnriemen mit Nabenschaltung und dicke Schläuche fast unersetzlich. Eine Konstruktion, die weitgehend auf »rostfreien« (gibt es im eigentlichen Sinne des Wortes nicht) Edelstahl, Kunststoffe und hochwertiges Aluminium setzt, ist anzustreben. Vor allem den Details, wie Schrauben, Muttern und Unterlegscheiben gilt die Aufmerksamkeit. Rahmen rosten nur selten durch, aber Schrauben »fressen« sich bei Meeresklima sehr gerne fest. Die Erfahrung der Segler sagt, daß weniger die Rahmen Sorgen bereiten, als daß die Komponenten dem rauhen Klima nicht trotzen können. Jeder Radfahrer kennt den Fluch nassen Laubs auf herbstlichen Straßen. Noch heißer gehts auf einem feuchten, bemoosten Holzpier her . . . dagegen sind Reifen mit bester Haftung nötig und ein Rad mit niedrigem Tretlager und Durchstieg, um

Falträder erlauben Schiffsbesatzungen ausgedehnte Touren auf dem Festland . . . der Landgang wird zu einer spannenden Entdeckungsreise.

die Füsse schnell auf den Boden setzen zu können, wenn das Rad »weggeht«.

Faltrad und Hilfsmotor

Die Exotik der Falträder findet ihren Höhepunkt in klappbaren Modellen mit Elektro- und Verbrennermotoren. Ansätze hierzu sind von Sinclair, Dahon und Citibike bekannt. Hier ist weder Platz noch Bedarf, die Konstruktion, Vorzüge und Besonderheiten der einzelnen Motorengattungen aufzuführen. Klar ist, daß das Rad schwerer wird durch den Motor und die deshalb notwendigen Versteifungen am Rahmen. Das Gros der Modul-Bikes wird im Kurzstreckenbereich benutzt, ist dort eine Unterstützung durch Motorleistung überhaupt vonnöten? Ob das Rad durch einen Motor an Praxisnutzen gewinnt, kann jeder Radfahrer – oder ist er dann ein Kradfahrer ? – nur für sich entscheiden.

Von Federung und Tragegriff: Konstruktionsdetails

Lenkeinheit

Die Lenkeinheit teilt sich in den Vorbau und den Lenker. Viele Faltradhersteller verwenden eigene Produktionen. Nicht selten sind die beiden Bauteile in eine sogenannte »Vorbau-Lenker-Kombination« integriert. Diese ist kostengünstig in der Produktion, leicht und bietet den Vorteil, entsprechend der jeweiligen Bedingungen des Faltmechanismus entwickelt werden zu können. Auf der Kehrseite steht, daß sich die Lenker nicht mehr an die Ergonomie des Fahrers anpassen lassen, daß bei einem Defekt die komplette Einheit gewechselt werden muß und daß dabei der Ersatz vornehmlich mit Spezialteilen des Herstellers vonstatten gehen muß.

Am Faltrad ist zwischen zwei verbreiteten Versionen der Lenkeinheit zu unterscheiden: den klappbaren Einheiten und den herausziehbaren Varianten. Selten vertreten sind die verdrehbaren Lenker und teleskopierten Lenkerstummel.

Die klappbaren Modelle sind in der Regel mit einem Scharnier oberhalb des Steuerkopflagers versehen und klappen seitlich zum Hauptrahmen hin. Für einen einwandfreien Betrieb im Alltag ist sehr wichtig, daß das Scharnier spielfrei gefertigt ist und flatterfrei gesichert wird. Ein flatterndes Gelenk verringert die Kontrolle über die Lenkung und senkt das »Gefühl« für Lenkung und Straße.

Präzise Fertigung und straffer Spannhebel sind nötig, um einen dauerhaft spielfreien Klappvorbau zu gewährleisten.

Vorbildlich ist dies am Brompton gelöst. Statt eines Schnellspanners sitzt dort ein U-förmiges Aluminiumblech, das mittels einer Flügelschraube geklemmt wird. Auch im geklappten Zustand bleibt die klappbare Lenkeinheit fest am Rahmen, dies ist ein weiterer Vorzug der Konstruktion.

Die herausziehbaren Vorbauten bevorzugen meist die Verwendung herkömmlicher Vorbauten und Lenker. Diese werden mit einem speziell gefertigten Klemmstummel kombiniert. Green Gear Cycling und Bernds verfahren nach diesem Prinzip. Dem

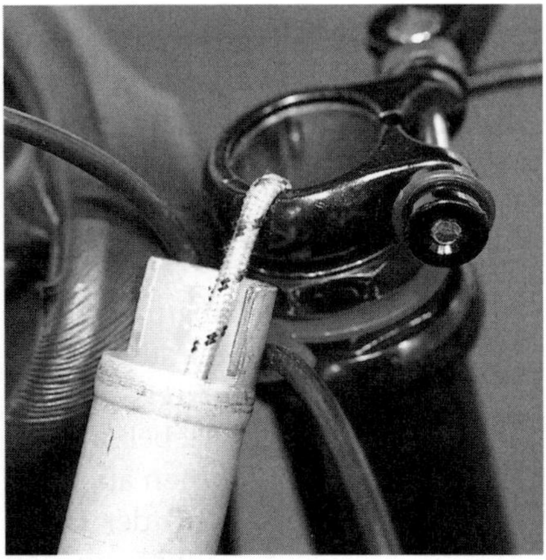

Zieht man den Bernds-Lenker heraus, dann ist er durch ein Spannseil fest mit dem Rahmen verbunden. Das Prinzip ist modernen Zeltgestängen entliehen, bei denen alle Einzelstücke mit einer Leine verbunden sind.

Packmaß kann man mit dieser Lenkereinheit einige Zentimeter abringen, weil das Paket bereits mit dem Steuerkopflager endet. Nachteilig ist die Konstruktion in zweierlei Hinsicht. Zum einen liegt im zusammengefalteten Zustand ein ölverschmierter Teil des Vorbaus frei und lauert auf saubere Hosen und Hände. Zum anderen baumelt der Lenker an den Schalt- und Bremskabeln. Die spiralisierten Schaltkabel für Indexschaltungen vertragen solche Belastungen nur begrenzt. Ihre größte Belastungsspitze erleben die Außenhüllen, wenn der Vorbau aus dem Gabelschaftrohr herausgezogen wird. Ist die Passung sehr stramm, löst sich die Lenkeinheit plötzlich und schnellt nach oben. Die Reise endet durch die gespannten Bowdenzüge. Dadurch ist oft eine neue Justage der Schaltung notwendig, die Züge müssen zusätzlich öfter erneuert werden (siehe Modifikationen).

Interessant ist die Lösung am Bernds-Rad. Der Vorbaustummel endet in einem Halbrohrstück. Das entsprechende Gegenstück befindet sich fest im Gabelschaftrohr, so ist gewährleistet, daß der Lenker stets richtig zur Fahrtrichtung steht.

Seinen größten Auftritt hatte der verdrehbare Lenker mit dem Bickerton. Der Lenker läßt sich nach dem Lösen eines Schnellspanners in Fahrtrichtung verdrehen und dann mit Hilfe eines zweiten Schnellspanners um 180 Grad vor das Laufrad klappen. Die Griffe schließen bündig mit dem Reifen ab.

Aufgrund der merkwürdigen Optik sind teleskopierte Lenkerstummel an den Rädern der neuesten Generation nicht mehr zu finden. Der Lenker ist dabei in zwei Stummel aufgeteilt. Jeweils rechts und links des Steuerkopfs werden die Stummel in einer Schelle gehalten. Ist diese gelöst, kann man die Stummel herunterfahren und verdrehen.

Statt mit Schnellspannern arbeitet das Brompton mit Flügelschrauben. Sie sind im Handling unkompliziert und erlauben ein einfaches Regulieren der Klemmkräfte.

Steuerkopf

Manche Falträder verzichten auf eine Gabelmontage traditioneller Art und ziehen eine Sonderkonstruktion vor, die einen vereinfachten Ausbau ermöglicht. So zum Beispiel das Jee Ann Traveling Bike aus Taiwan. Im Steuerkopfrohr ist ein Gabelschaftrohr eingebaut, das oben wie unten stumpf mit einer Stahlplatte endet. An diese läßt sich mittels zweier Flügelschrauben eine Gabel-Vorbau-Kombination befestigen. Der Vorteil dieser Konstruktion ist eine Montage ohne fettige Finger...

Dahon hat zu Gunsten eines geringen Packmaßes auf das übliche Steuerkopflager verzichtet. Die Konstruktion von David Hon hat einen wesentlich größeren Durchmesser und eine geringe Bauhöhe.

Schnellspanner

Sie sind der Clou vieler Falträder. Bei einem Schnellspanner sitzt der eigentliche Mechanismus in der runden Aussparung einer Kappe, die am Rahmen (zum Beispiel am Ausfallende) aufsetzt.

Die meisten Schnellspanner basieren auf einem Exzenter, also einem außermittig in einen Kreis gebohrten Loch. Steht der Hebel im 90-Grad-Winkel vom Rahmen ab, so ist der Spanner gelöst. Wird der Hebel um eine Viertelumdrehung an den Rahmen gedrückt, so spannt sich die Achse.

Bei der Nabenklemmung sind die Belastungen für den Spanner sehr gering. Einzig bei nach vorne geneigten Ausfallenden am Hinterbau sind die Kräfte sehr hoch. Beim Sattelschnellspanner verhält es sich ähnlich. Er muß deutlich fester sitzen, um den Sattel samt Fahrer, eventuell sogar samt schwerem Rucksack, zu halten.

Beim Faltrad klemmen Schnellspanner häufig den Rahmen. Neben dem Körpergewicht wirken auch Kräfte, die sich aus Bodenunebenheiten und durch die Hebelkräfte zwischen der Lage des Schnellspanners am Rad und den Radaufstandspunkten ergeben. Diese sind nicht unerheblich. Sitzen die Schnellspanner zwischen Tretlager und Hinterradnabe, so kommen die Zugkräfte der Kette noch hinzu. Auch an Vorbauten von Falträdern sind Quick-Releases

(engl. Schnellspanner) sehr verbreitet. Ein Ausfall an dieser Stelle zieht sehr oft schwere Unfälle nach sich.
Grundsätzlich sollte ein Schnellspanner stets gut gefettet oder geölt sein, besonders die Innenseiten seiner beweglichen Teile. Dies reduziert den Widerstand beim Spannen, was wiederum die Belastungsspitzen mindert und Überlastungsbrüchen einen Riegel vorschiebt.
Vorsicht gilt auch bei der Spannachsenlänge. Normalerweise gilt der Grundsatz, daß drei Gewindegänge ausreichend Halt bieten. Bei Schnellspannern ist es ratsam, drei weitere zu addieren, um bösen Überraschungen vorzubeugen ... wo im U-Bahn-System von London oder auf dem Flughafen von Taipei kann man schon Schnellspanner kaufen?
Die Spannkraft sollte stets angemessen sein: angemessen der Stabilität des Spanners und der Haltbarkeit der geklemmten Teile.

Sicherungsmechanismen

Faltfunktionen bergen Gefahren in sich. Zerlegt sich ein Rad während der Fahrt, so sind schwerwiegende Unfälle eine mögliche Folge. Auch beim Tragen des Rades lauern Gefahren. Brompton-Fahrer wissen, daß sie ihr Rad nur am Lenker und am Gepäckträger gegriffen heben dürfen. Andernfalls klappt der Gepäckträger samt Hinterradschwinge um,

An der Vorderradgabel des Birdy rastet ein Haken in die Feder ein. Mit einem Finger kann er leicht ausgehakt werden. Er verhindert ein Aufklappen der Gabel während der Fahrt.

um seiner Aufgabe als Ständer nachzukommen.
Bei Riese und Müller verhindert eine kleine Schlinge dieses Nachhintenschwingen. Die neueste Generation des Birdy ersetzt die Schlinge durch ein Kunststoffhäkchen.
Montague-Konstrukteure begegnen der Gefahr, daß das Rad sich unter dem Tritt des Fahrers zusammenlegt, durch einen Sicherungssplint, der in einem Röhrchen geführt wird und sich verdrehen läßt.

Sicherung des gefalteten Zustands

Der Einfluß, der vom Brompton insbesondere in diesem Bereich ausging, ist enorm. Sehr elegant ist diese Aufgabe am Strida gelöst. Ein Klickverschluß hält die beiden lokker verbundenen Radteile an den Laufrädern zusammen. Das Paket ist

Ist der Hinterbau des Birdy unter den Rahmen geschwenkt, dann ist die Spannkraft des Schaltwerkkäfigs ausgeschöpft. Der Drahtbügel sorgt für ausreichende Kettenspannung beim gefalteten Rad.

so stabil, daß es sich auf den Laufrädern rollend ziehen läßt. Dabei ist der Gepäckträger weiterhin belast- und -nutzbar.

Sicherheitsklemmungen sind auch für den gefalteten Zustand des Rades wichtig. Einzelne Bauteile, wie zum Beispiel Lenker, die dem gefalteten Paket lose beiliegen, stören das Handling stark. Da ist es sinnvoller, die Anhängsel zu integrieren. Hier dient das Bernds als gutes Beispiel.

Bei den Modellen des taiwanesischen Herstellers KOK dient ein Sicherungsstift zur Sicherung der Gabel im gefalteten Zustand.

Der baumelnde Mast des Bernds-Faltrades wird mit einem Druckknopf sicher an der Hinterradschwinge fixiert und ist so harmonisch im Packmaß integriert.

Sattelstütze

Die Positionierung des Sattels darf einzig der Maxime bester Ergonomie folgen. Dies ist beim traditionellen Fahrrad verwirklicht. Beim Faltrad ergeben sich jedoch Probleme, weil die Sattelposition der Innenbeinlänge folgt und diese einem kleinen Packmaß maßgeblich im Wege steht. Es bieten sich folgende Lösungen:

- klappbarer Sattelmast
- extrem lange Sattelstütze
- Teleskop-Sattelstütze
- geänderte Sattelanordnung

Den umgeschwenkten Sattelmast machte Green Gear Cycling salonfähig. Auf dem sehr kleinen Diamantrahmen befindet sich am Sitzrohr ein Gelenk. In diesem ist ein Stahlrohr gefaßt, welches mit einer Sattelstützenmuffe abschließt und die eigentliche Sattelstütze aufnimmt. Der komplette Ausleger kann nach vorne geklappt werden. Eine leicht schräge Lage des Gelenks gewährleistet, daß Steuerkopfpartie und Mast/Sattel nicht kollidieren. Bei extrem großen Menschen ist es außerdem ratsam, die Stütze so weit als möglich zu versenken. Beim Bernds-Rad sichert ein Schnellspanner den Sattelausleger. Dieser Ausleger ist jedoch etwa fünf Zentimeter im Sitzrohr versenkt. Er wird herausgezogen und anschließend nach vorne umgeklappt. In einem Langloch ist ein Sicherungssplint geführt.

Technisch einfach ist die Lösung mit einer langen Sattelstütze. Innerhalb des Packmaßes gibt es eine maximale Länge der Sattelstütze, bis zu der das Packmaß sich nicht vergrößert. Beim Dahon und Brompton ist dies der Fall. Es sind Sondergrößen erhältlich. Die Standardlänge ermöglicht eine ergonomisch sinnvolle Position nur für Menschen bis zu einer Größe von 175 Zentimetern. Gegenüber dem Seatmast, der beliebig dimensioniert werden kann, ist die Sattelstütze in ihrem Außendurchmesser von der Auslegung des Sitzrohres abhängig. Aus dem Maschinenbau ist bekannt, daß sich bei verdoppeltem Rohrdurchmesser die Steifigkeit vervierfacht (Oversize-Rahmen nutzen dies). Man tut also gut daran, eine lange Sattelstütze nur mit großem Rohrquerschnitt zu produzieren. Namhafte Faltradhersteller wie Brompton und Riese und Müller wählen die Rohrdurchmesser entsprechend. Auch die Stütze des Moultons hat einen beachtlichen Querschnitt. Leider verlangt eine lange Stütze, daß sie beim Zusammenbauen jedesmal erneut auf den Fahrer eingestellt werden muß. Eine Markierung auf der Stütze ist hilfreich. Sie unter dem Fett wiederzuerkennen, ist nicht immer einfach. Eine Teleskopsattelstütze ist in ihrer prinzipiellen Konstruktion eine Aneinanderreihung von Sattelrohren mit Schnellspannern und Sattelstütze. Außer einem erhöhten Mon-

Lange Sattelstützen erlauben einen breiten Einstellungsbereich auf die Fahrergröße. Ob Kind oder Erwachsener, sie können auf demselben Rad fahren. Doch Vorsicht, beim abgebildeten Rad kann die Sattelstütze aufsetzen.

tageaufwand und eventuell höherem Gewicht muß nur ein Aspekt erwähnt werden: Mit dem Teleskopaufbau ist ein kleineres Packmaß der Sattelstütze erreichbar. Ob dies zwangsläufig ein kleineres Packmaß des gesamten Rades bedeutet, hängt von der Gesamtkonzeption ab.

Eine geänderte Sattelanordnung bedeutet zwangsläufig Einbußen in der Ergonomie. »Le Petit-Bi« verlagert den Sitz fast 25 Zentimeter nach hinten, dadurch verringert sich die Bauhöhe des Rades, doch die Haltung erfährt eine ungünstige Veränderung. Beim Strida kann der Sattel nur in einem eingeschränkten Bereich verstellt werden. Eine ergonomisch ungünstige Sattelanordnung, die einem kleinen Packmaß förderlich ist, kann nur bei Falträdern der Pendlerklasse akzeptiert werden.

Federung

Im Zusammenhang mit der Diskussion kleiner Laufräder kam bereits der Aspekt einer Federung zur Sprache. Daß diese sehr sinnvoll ist, hat Dr. Alex Moulton bei der Konstruktion seines Rades bereits früh erkannt und umgesetzt. Darin begründet sich ein Großteil seines Verdienstes für die Fahrradentwicklung und die Genialität seines Rades.

Vorderrad, Hinterrad, Sattelstütze und Lenker können gefedert werden.

- Vorderrad
  Beim Vorderrad gibt es zwei Varianten, Stöße zu absorbieren: eine Federgabel oder eine starre Gabelkonstruktion mit Federungseinrichtung im Steuerkopfrohr des Hauptrahmens. Die Laufradgröße 20 Zoll und die entsprechenden Gabel sind für BMXer, Faltradfahrer, Kinder und Liegeradler gleichermaßen interessant. Neben dem spürbaren Komfortgewinn bessert ein gefedertes Vorderrad auch die Straßenlage und somit die Fahrsicherheit. Moulton und Riese und Müller bieten eigene Konstruktionen.
- Hinterrad
  Die Federung des Hinterrades läßt sich beim Faltrad sehr gut in das zweckorientierte Design integrieren. Den schwenkbaren Hinterbau zu federn, bietet sich förmlich an, wie am Brompton und Birdy zu sehen ist.

Der »Kickback« (Pedalbewegungen, die durch den Kettenzug beim Ein- oder Ausfedern der Hinterradschwinge entstehen), wie er in der Mountainbike-Szene genannt wird, spielt bei Federungen des Antriebslaufrades eine wichtige Rolle. Er ist entscheidend für die Effizienz des

Die Faltfunktion des Hinterbaus erlaubt bei entsprechender Auslegung den Einbau eines Federelements. Hier ist ein Detail des Brompton zu sehen.

Antrieb, seine drei Einzeleffekte beeinflussen den Tretablauf nachhaltig. Will man eine wechselseitige Unabhängigkeit von Antrieb und Federung, so muß jede Art von »Kickback« verhindert werden. Unter dem »Kickback« werden verstanden:

- Planetenbewegung
- Abwälzbewegung
- Verlängerung/Kürzung des Zugtrums

Diese Effekte, ihre Bedeutung und die konstruktiven Möglichkeiten zur Beeinflussung sind sehr komplex. Auf eine detaillierte Beschreibung muß hier deshalb verzichtet werden, es gibt dazu ausführliches Material aus der Motorradtechnik.

Abschließend bleibt noch zu bemerken, daß die Position des Hinterradgepäckträgers bei einem heckgefederten Rad sehr bedeutend ist. Sitzt der Träger auf der Schwinge, so ist das Gepäck ungefedert und die Schwinge wird stark belastet. Sind Gepäckträger und Hauptrahmen miteinander verbunden, so muß dieser sehr stabil ausgelegt sein, weil er in einem ungünstigen Winkel zum Rahmen »steht« und nicht zum Ausfallende hin abgestützt werden kann. Außerdem muß der Träger der Schwinge hinreichend Platz für den Ausfederweg gewähren.

Antrieb

Warum sollte man eine Schaltung montieren? Schaltungen »vermitteln« zwischen den geographischen Gegebenheiten, dem angestrebten Geschwindigkeitsniveau und der Leistungsfähigkeit. Widerstände im Fahrrad, Beladung und ähnliche Aspekte seien hier nur am Rande erwähnt. Je mehr man fährt und je unterschiedlicher die Rahmenbedingungen dabei sind, desto dringlicher ist eine Schaltung am Rad. Das Strida vertritt ganz zu recht den »Single-Gear«-Ansatz. Für das damit angepeilte Anwendungsgebiet – also den Verwendungszweck – ist eine Schaltung nicht vonnöten. Anders sieht es beim Radfahrer aus, der sein Faltrad als »vollwertiges« Fahrrad benutzt. Bei ihm stellt sich die Frage: Wieviel Schaltung brauche ich unter den Bedingungen, in denen ich das Rad vornehmlich einsetze?

Im Gegensatz zum Automotor, der nur in einem sehr kleinen Drehzahlbereich seine höchste Leistung erbringt, vermag der durchschnittlich trainierte Mensch über eine hohe Bandbreite hinweg sein individuelles Maximum zu leisten. Der Radprofi pedaliert im Bereich von 65 bis nahezu 200 Umdrehungen.

Beim Faltradler im Pendelverkehr ist der Geschwindigkeit nach oben hin eine Grenze gesetzt. Weder der Stadtverkehr, noch der Vorsatz, »schweißfrei« das Ziel zu erreichen, sprechen für eine Fahrt im »Tour de France«-

Mittels eines übersetzenden Tandemantriebes kann man den kleinen Laufrädern eines Faltrades zu großer Entfaltung verhelfen. Diese Anordnung sieht kompakt aus, hat aber eine hohe Reibung.

Tempo. Insofern genügen 7 Meter Entfaltung im großen Gang zweifellos. Was den leichtesten Gang angeht, sollte als Minimum einfaches/kraftsparendes Anfahren in der Ebene möglich sein. Wer in bergigen Gefilden wohnt oder den Transport von Sprudelkästen mit dem Faltrad durchführen will, sollte bei der Entfaltung weiter abspecken.

Letztlich helfen dabei nur individuelle Erfahrungswerte, die ihre Umsetzung in eine geeignete Schaltung finden. Indes ist die Serienbestükkung der ernsthaften Zerlegeradhersteller bereits ein Indiz. Schließlich wird das Rad auf einen Verwendungszweck hin konstruiert, dieser verlangt eine entsprechende Schaltung (oder eben gerade keine). Ein schlüssiges Konzept hat stets die dazugehörige Schaltung.

- Wirkungsgrad

  Der Wirkungsgrad der Schaltung ist ein wesentlicher Faktor für den Fahrspaß. Wer das Gefühl hat, zu 20 Prozent »ins Leere« zu treten, bei dem wird so rechte Freude am Faltrad nicht aufkommen. Die Nabenschaltung steht bei den meisten Tests in dieser Hinsicht hinter den Kettenschaltungen zurück. Der Wirkungsgrad ist bei ihr vom jeweiligen Gang abhängig. Im neutralen Gang (keine Getriebeüber- oder untersetzung) ist er am höchsten. Je mehr Gänge die Nabenschaltung hat, desto verlustreicher sind sie. Eine Nabenschaltung läuft nach einer Einlaufzeit besser als anfänglich. Im Gegensatz dazu erreicht die Kettenschaltung ihren Wirkungs-Zenit nach etwa 300 trockenen Kilometern. Schlechte Schalttechnik, Witterung und Pflege (Rost, verharztes Öl) reduzieren den Wirkungsgrad weiter. Bei guter Pflege und sachgemäßer Benutzung haben beide Systeme Vorteile.

– Übersetzung
Ungeschlagen unter den Serienrädern ist das PB 80T aus England: Satte 80 Zähne zählt das Kettenblatt, um die kurze Entfaltung des 16-Zoll-Laufrades zu kompensieren. Die Bestmarke für die kleinsten Ritzel teilen sich Moulton und Goldtec, mit küm-

Auf der Fahrradmesse in Taipeh präsentierte Dahon die nächste Faltradgeneration: Mit einem Elektromotor versehen (21 km/h Maximalgeschwindigkeit bei 45 Kilometer Reichweite und zwei Stunden Ladezeit) ist das Packmaß des Rades kaum größer als beim »Tailwind« Modell und das Gewicht liegt lediglich bei 23 Kilogramm. Bild: Dahon

merlichen neun Zähnen kommt das kleinste Ritzel der speziellen Kassetten aus. Als Nachrüstbauteil konvertiert ein 10er Ritzel von TNT eine 7fach Shimanonabe zur 8fach Kassettennabe. Bei den kleinen Ritzeln ist es wichtig, daß das Schaltwerk einen großen Umschlingungswinkel hat. Suntour-Schaltwerke sind in dieser Disziplin sprichwörtlich und fanden darum lange bei Moulton-Rädern Anwendung.

Naben

Nabenschaltungen haftete lange Zeit ein undankbares Image an. Sie seien schwer, verlustreich und nur an billigen Rädern zu finden. Dieses Image trifft nicht mehr zu. Seit Sachs und Shimano Siebengangnaben im Programm haben, sind Nabenschaltungen wieder im Trend. Mit der Zwölfgangnabe von Sachs erreichen Nabenschaltungen erstmals das Entfaltungsspektrum einer Kettenschaltung bei identischer Abstufung. Noch ein Stück weiter lehnt sich die Firma Rohloff aus dem Fenster. Auf der IFMA 96 kündigte der Kettenhersteller Rohloff eine Vierzehngangnabe an, die bei gerade mal 1,6 Kilogramm Gewicht 14 Gänge in 13-Prozent-Sprüngen auch im Stand schalten und mit einem Wirkungsgrad von 96 bis 98 Prozent aufwarten soll. Sollten Barbara und Bernhard Rohloff diese Quadratur des Kreises wirklich auf die Räder stellen, dann wäre diese Schaltung ideal für Falträder, zumal die 500 Prozent Gesamtübersetzung und die Stabilität entsprechend der geplanten Renntauglichkeit dem Faltradeinsatz ebenfalls sehr zuträglich sind.

Mit der teilbaren Weco-Nabe kann man das lästige Einfädeln der Kette auf den Zahnkranz bei der Hinterradmontage umgehen. Die Nabe von Wehmeyer ist dreiteilig. Ist der Schnellspanner herausgedreht (!) kann man das mittlere Teil (auf dem sich beide Nabenflansche befinden) samt des eigentlichen Laufrades herausnehmen. Rechtseitig bleibt der Freilauf mit den (öligen) Ritzeln im Rahmen; linksseitig ist ein weiteres Gegenstück fest im Rahmen eingeschraubt. Die Nabe ist mit einem Shimano-kompatiblen Freilauf ausgestattet.

Kettenspanner und Führungen

Insbesondere bei Falträdern mit einem schwenkbaren Hinterbau sind Kettenspanner wichtig. Weil der Schwingendrehpunkt nur selten durch die Tretlagerachse verläuft, variiert der Naben-Tretlagerabstand im Verlaufe der Schwenkbewegung. Bei einer Kettenschaltung kann das Schaltwerk diese Differenz auffangen. Im Falle der Nabenschaltung ist eine spezielle Vorrichtung vonnöten. Diese spannt die Kette und erlaubt weiterhin die Benutzung der Rücktrittbremse.

Der Abstand zwischen Ausfallende und Tretlager variiert bei vielen geklappten Hinterbauten in verschiedenen Faltpositionen. Bei der Nabenschaltung muß ein Spanner diese Differenzen ausgleichen (Brompton).

Kette mit Zwischengetriebe

Statt die Kette direkt von der Kurbel zum Hinterrad zu führen, wird sie in einem Zwischengetriebe übersetzt. Die Funktionsweise gleicht dem Antrieb eines Tandems. Auf diese Weise lassen sich extrem hohe Übersetzungen realisieren, was in der Praxis nur in zwei Bereichen von Bedeutung ist: bei Hochgeschwindigkeitsfahrzeugen mit Verschalung (HPVs) und Falträdern, wo die Übersetzung in einem Zwischengetriebe dazu dient, extrem kleinen Laufrädern eine »fahrbare« Entfaltung zu entlocken! Das »Pocket Bicy« aus Italien ist ein Beispiel dafür. Die Laufräder messen kaum 12 Zoll. Dank einer Übersetzung im Zwischengetriebe war das Rad mit einer »gutmütigen« Tretfrequenz fahrbar.

Zahnriemenantrieb

Die Vorzüge des Zahnriemens liegen auf der Hand: Öl- und wartungsfrei hat er eine hohe Lebenserwartung. Die Schokoladenseite der Zahnriemen umfaßt einige Punkte. Zahnriemen müssen aber sehr präzise montiert werden. Läuft eines der beiden Zahnräder schief zum Riemen oder nimmt der Riemen einen schrägen Weg zwischen den Zahnrädern, so reißt der sonst so stabile Gürtel sehr schnell. Auch ist der Zahnriemen eine Einladung an Vandalen; ein Messer genügt, um dem endlosen Riemen ein unverhofftes Ende zu machen.

Das GLAD-System von Thun ist auf den ersten Blick geradezu ideal für die Anforderungen von Falträdern. Es besteht aus einem ölfreien Zahnriemen und mit Federn bestücktem Ritzel und Kettenblatt. Unter Last verkleinert sich das Kettenblatt, während das Ritzel wächst – die Übersetzung reduziert sich; man tritt leichter. Mit steigender Trittfrequenz wächst das Kettenblatt und das Ritzel reduziert seinen Durchmesser. Diese »automatische« Schaltung hat einen Varianzbereich von 30 Prozent.

Zwitter: Kombinierte Getriebe- und Kettenschaltung

Die kompakte Bauform der Rahmen, die kleinen Laufräder und eine kurze Kettenstrebe erschweren oder verhindern die Anwendung einer »vorderen« Schaltung am Faltrad sehr oft. Eine Lösung kann hier das Mountain-Drive von Florian Schlumpf (Schweiz) sein. Statt eines herkömmlichen Tretlagers mit Mehrfachkettenblatt ziert das Mountain-Drive nur ein Blatt. Die Schaltung ist wartungsfrei und sicher in das Tretlager integriert. Schalthebel und -züge fallen ebenfalls weg. Sie werden durch einen Stift in der Tretlagerachse ersetzt. Mit einem einfachen Hackenschlag auf den Stift ändert sich die Übersetzung. Es sind zwei Varianten erhältlich. Typ 1 untersetzt im Verhältnis 1 : 1,65 und das Modell II übersetzt mit dem Faktor 1 : 2,5. Für die Angleichung der Übersetzung ist Modell II am Faltrad freilich das geeignetere. Beide Modelle lassen sich mit Naben- und Kettenschaltung, sowie Zahnriemen kombinieren. Wer das Mountain-Drive mit Klickpedalen fahren möchte, sollte sicherstellen, daß er ein System oder entsprechende Fußplatten montiert, die hinreichend Fersenfreiheit zum Schalten gewähren.

Eine andere Version der kombinierten Schaltung ist die »3 x 7«-Schaltung von Fichtel und Sachs. Die vordere Schaltpartie »verschwindet« in der Hinterradnabe. Oder andersherum gedacht: Statt eines Ritzels sitzen nun sieben auf einer Freilauf-Dreigangnabe. Bei einem 26-Zoll-Mountainbike genügt ein 38-Zähne-Blatt, um die herkömmliche Übersetzung einer 28/38/52 Dreifachkurbel zu realisieren. Stockt man das vordere Kettenblatt auf 50 Zähne auf, so wird der geringe Durchmesser eines 20-Zoll-Rades weitgehend kompensiert und die Entfaltung entspricht einem »großen« Rad.

Bei beiden Systemen (Schlumpf und Sachs) stellt sich die Frage der Wirtschaftlichkeit – also der Energieverluste im jeweiligen Getriebe. Für die Sachsnabe ist dieser Wert in jeder Schaltstufe beziffert. Bei gemütlichem Tritt (100 Watt Leistung auf den Pedalen) verzehrt die erste Schaltstufe 4,5 Prozent. Im direkten, weil nicht übersetzten Gang, verschlingt das System ein Prozent der Leistung, und Raser, die die dritte Schaltstufe nutzen, müssen mit Verlusten von 5,5 Prozent rechnen. Vergleichswerte vom Mountain-Drive sind nicht bekannt.

Bremsen

Einhergehend mit den gängigsten Nabenschaltung ist eine Rücktrittbremse. Abgesehen von der Gefahr der Überhitzung ermöglichen Rücktrittbremsen eine sehr gute Verzögerung. Das Feld der Felgen- und Scheibenbremsen soll an dieser Stelle nicht erörtert werden. Bei Falträdern gibt es zwei besondere Aspekte: Die Zugverlegung ist oftmals sehr verworren und erzeugt Reibung, diese reduziert die verbleibenden Bremskräfte. Außerdem greifen die Bremsen auf kleine Felgen. Gekrümmte Bremsklötze passen dennoch zumeist. Von Öldruckbremsen ist in den meisten Fällen abzuraten, weil der Faltmechanismus die Leitungen gefährdet.

Um ein einfaches Nachstellen der Bremsen zu gewährleisten, muß man darauf achten, daß entweder die Bremsen, die Kabelstopper oder die Bremshebel mit einer Verstellschraube ausgestattet sind.

Tragegriff

Obschon Taschen und Koffer die einfachste Möglichkeit sind, das Rad zu tragen, sind sie nicht immer zur Hand, oder es lohnt sich für eine kurze Tragepassage nicht, das Fahrrad »einzutüten«. Helkama schweißt ein zusätzliches Rohr in den Rahmen, das im geklappten Zustand als Griff dient. Bequem läßt sich das PB Folding Bike an einem Kunststoffgriff tragen. Die Mehrzahl der kompakten Falträder ist so konstruiert, daß der Sattel bereits bestens als Griff dient.

Für den Faltbetrieb sind die Stiftpedale des BSA Paratroopers ideal; in der Fahrpraxis verlangt die geringe Auflagefläche harte Schuhsohlen.

Pedale

Bei den meisten Falträdern definieren die Pedale mit der Tretlagerachse zusammen die Breite des Packmaßes. Schmale Tretlagerachsen sind selten anwendbar, so daß nur die Möglichkeit bleibt, die Pedale im Packmaß zu verkleinern.

Pedale sind großen Belastungen ausgesetzt und ein Klappmechanismus muß solide ausgelegt sein, damit ihm ein langes Leben beschert ist. Modelle von MKS und das werkseigene Pedal von Brompton haben sich als sehr gut erwiesen. Leider gibt es zur Zeit noch kein klappbares Pedal, das mit Klicksystem ausgestattet ist.

Träger & Gepäcktransport

Pendler in den Innenstädten, die bei der täglichen Fahrt vielfach Absteigen und/oder in die Tasche greifen, finden in Fahrradtaschen keine gelungene Lösung. Sie sollten es den Kurieren gleichtun, diese benutzen Taschen, die einen Diagonalriemen mit Schnellspannbindung besitzen. Die »Messengerbags« können blitzschnell auf dem Rücken gespannt werden und mit nur einer Handbewegung hat man die Tasche vor dem Bauch griffbereit. Deutlich weniger Stauraum haben Hüftgurttaschen, sie sind aber ähnlich praktisch.

Unter dem Angebot der speziellen Bike-Rucksäcke gibt es viele Modelle, die auch dem Faltradler dienen. Riese und Müller kombinieren die Bedürfnisse der Falter: Die Tragetasche des Birdy läßt sich auch als Daypack nutzen.

Für den Büroangestellten, der die Hin- und Rückfahrt zum Büro ohne Zwischenstop radelt, sind Aktentaschen mit Gepäckträgerclips von Ortlieb oder Bushwacker die erste Wahl. Sie kombinieren gewohnte Fächeraufteilung mit sinnvollem Material und sicherer Unterbringung am Rad.

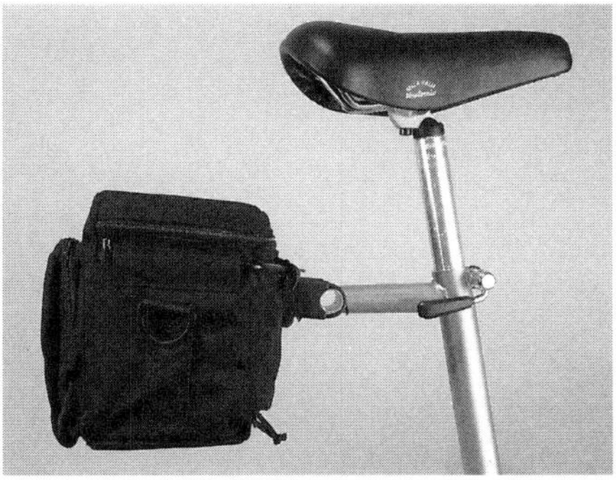

Mit Schnellspanner und Klickfix-Schnellverschluß sind die Tasche und ihre Halterung am Bernds-Faltrad befestigt, so kann sie einfach demontiert werden, falls sie nicht benötigt wird.

Für Anzüge und Mäntel, die das Büro trocken und sauber erreichen müssen, bietet Trek eine City-Packtasche an. In einem riesen Fach verschwindet der edle Nadelstreifen und wird samt Tasche dreiseitig über den Gepäckträger geschwungen. Bei kleinen Laufrädern ist es ratsam, den Sack probeweise zu montieren, eventuell schleift er am Boden (auch die Kurvenschräglage ist hier zu bedenken).

Erwähnenswert sind die Gepäckträger von Moulton. Die stabilen Träger sind aus dünnem CroMo-Stahl gelötet und passen einzig auf die Moulton-Räder. Das Angebot reicht vom kleinen Träger für Tagestouren und Einkäufe bis hin zum »Expeditionsträger«, der auch schwere Lasten verträgt. Für jeden Trägertyp ist eine optimale Tasche im Programm.

Bleche

Schutzbleche sind ein unersetzliches Zubehör im Radleralltag. Wichtig ist ihre Größe. Zu kleine Bleche sind untauglich und verdienen nicht, herumchauffiert zu werden. Sie müssen die beiden Reifen hinreichend umschließen, um auch bei strömendem Regen, Pfützen und schneller Fahrt den Fahrer und das Gepäck zu schützen.

Bei Faltradkonstruktionen, die auf die Herausnahme der Laufräder verzichten, ergeben sich daraus keine Probleme. Anders verhält es sich bei Modellen, deren Laufräder beim Pakken herausgenommen werden. Die Schutzbleche stehen frei und setzen zum Beispiel auf dem Boden auf – es besteht eine hohe Bruchgefahr. Die besten Lösungen sind konstruktionsbedingt beim Galaxe und beim Moulton zu finden. Vorbildlich ist auch die Bestückung des Bromptons.

Ständer

Diebstahlsexperten sind auf Ständer nicht gut zu sprechen. Sie meinen, daß Radler, deren Räder einen Ständer besitzen, ihr Rad eher abschließen als anschließen. Dennoch sind Ständer beim Einkauf und bei Sightseeingtouren sehr nützlich. Seiten- oder Hinterbauständer lassen sich an alle Räder montieren. Die Auswahl ist sehr groß, etwaige Lücken haben die Faltradhersteller durch eigene Angebote geschlossen.

Beim Faltrad gibt es eine zweite Art der Ständer, die das Rad im geklappten Zustand aufrechthalten. Geschickte Konstrukteure balancieren das »Paket« aus, so daß es auf den Laufrädern und der Sattelstütze steht. Thomas Bernds versieht seinen Hinterbau mit zwei Stahlstreben, die für Standsicherheit sorgen. Unter dem Tretlager mancher Dahon-Räder befindet sich eine Plastikrolle. Dank dieser kann das Paket gerollt werden und kippt nicht um.

Leichtbau

Leichtbau ist sicherlich an keinem Rad (sportliche Hochleistungsbereiche ausgenommen) so sinnvoll wie beim Faltrad. Schließlich wird ein solches Bike wesentlich öfter getragen als jedes andere Modell, und wer schleppt schon gerne mehr als unbedingt nötig.

Als Anleitung zum Tunen gilt die Faustregel »Pro Gramm eine Mark«. Wer für ein Gramm Gewichtsverlust mehr investiert, sollte weitere Argumente für das Produkt ins Felde führen können. Etwa Funktionsgewinne oder Prestigezuwachs oder optische Qualität. Weiterhin empfiehlt sich der Leichtbau bei Verschleißteilen nur, wenn er durch ein andersartiges Material, nicht jedoch durch Materialreduktion realisiert wurde. Ansonsten erhöht sich das Defektrisiko und die Serviceintervalle verkürzen sich (etwa bei leichten Bremsklötzen oder Schläuchen).

Funktionsfusionen

Abenteurer und Ausrüstungsexperten folgen dem Leitspruch, daß jeder Ausrüstungsartikel auf einer Expedition zwei verschiedene Aufgaben erfüllen sollte. Das spart Ge-

Pfiffig ist der Ständer am Bernds montiert. In der Fahrposition erfüllt er seine übliche Aufgabe. Ist das Rad gefaltet, klemmt er das Vorderrad samt Gabel ein.

Gruppenbild vom Worlds First Folder Forum in Weymouth 1996.

wicht, Geld und Platz. Umgekehrt lautet der Ansatz: Ausrüstung, die man nicht dabei hat, kann weder kaputtgehen, noch gestohlen werden, braucht nicht gewartet zu werden und man verliert sie auch nicht. Solche Funktionsfusionen sind auch beim Faltrad zu finden. Das bekannteste Beispiel ist der Gepäckträger/Ständer beim Brompton. In diesem Zusammenhang hat das Brompton noch mehr zu bieten. So ersetzt der Gepäckträger auch den Drahtkäfig zum Schutz des Rücklichts. Bei den Rädern von Kentex arbeitet der Ständer im Fahrbetrieb wie auch im geklappten Zustand. Thomas Bernds gibt dem Ständer ebenfalls einen zweiten Auftritt, er klemmt im geklappten Zustand das Vorderrad und trägt so seinen Teil dazu bei, daß das Rad im gefalteten Zustand eine kompakte Einheit ist.

Praxis

Falträder und Mobilität

Der Mobilitätsbedarf des Menschen hat in den vergangenen 200 Jahren eine starke Wandlung erlebt. Sie ging einher mit der Industrialisierung in Mitteleuropa. Bis die Landflucht und der Industrieanlagenbau einsetzte, benötigte der Städter keine Verkehrsmittel zur Erledigung seiner alltäglichen Aufgaben und Wege.
Dies änderte sich, als die Industrieanlagen, welche außerhalb der alten Stadtkerne erbaut worden waren, rasch von Wohngebieten umflutet wurden. Die »Mischkultur« wider Willen belastete die Wohnflächen mit Industrielärm, -schmutz und -abgasen. Mit steigendem Wohlstand/ Einkommen versuchten Städter, Wohnungen außerhalb dieser gemischten Flächennutzung zu beziehen. Städteplaner trugen dem Anliegen in einer funktionellen Gliederung der städtischen Bebauungsplanung Rechnung. Die räumliche/ städtische Einheit von Arbeitsplatz und Wohnung war gebrochen, weil das Erreichen des Arbeitsplatzes nun eine »Anreise« wurde. Das war die Geburtsstunde des Pendelverkehrs.
Bezeichnenderweise diente zu Beginn dieser Pendler-Epoche das Fahrrad als vorherrschendes Verkehrsmittel. Seine Benutzung wurde von vielen Firmen propagiert und unterstützt, um den Wohnungsnotstand (und den Zustand der Wohnungen) im direkten Fabrikumfeld zu kaschieren. Auf der nächsten Wohlstandsstufe verdrängte das »praktische« Automobil das Fahrrad und drückte es auf eine niedrigere Stufe der Prestigewert-Skala.
»Vor allem die zunehmende Benutzung des Autos, das zum dominierenden Verkehrsmittel wurde, förderte die flächenhafte Ausweitung und führte zu der »autogerechten« Stadt ...« (H. Knauß). Die Mobilitätsbedürfnisse und -notwendigkeiten münden in der Einschätzung, »daß der Verkehr von Personen, Gütern und Informationen für eine Stadt lebensnotwendig ist, weil er eng mit

Bromptons im Stadteinsatz. Nur selten hat man die Ehre, auf gebündelte Faltradaufkommen zu treffen.

dem Reichtum einer Gesellschaft gekoppelt ist.« (Wolfgang Stegers).
»Höhere Geschwindigkeiten und bessere Erreichbarkeiten bewirkten nicht nur eine Zeitersparnis, sondern auch eine Ausdehnung des räumlichen Aktionsradius.« (H. Knauß).
Im derzeitigen Stadium der Stadtentwicklung lagern sich wiederum Firmen vor die nunmehr großflächigen Städte, um Kosten zu sparen und dem Chaos der Innenstädte zu entfliehen. Alleine der Parkplatz-Suchverkehr macht in manchen Stadtzentren bis zu 35 Prozent des Autoaufkommens aus! Berufstätige bilden auf ihrem Weg zu den Arbeitsstätten einen Pendlerstrom, der die Stadt spinnennetzartig überzieht. Die Verkehrslage in Großstädten ist zu den Stoßzeiten verheerend. »Das Problem des alltäglichen Staus ist also kein Problem des Fernverkehrs, sondern des Nahverkehrs.« (Wolfgang Stegers). Eine Lösung ist nur durch die Abkehr vom egozentrischen, unökologischen, unrentablen und ungesunden motorisierten Individualverkehr zu erwarten, was nicht bedeutet, dem Auto völlig abzuschwören, sondern den sinnvollen Einsatz des Automobils meint. Der

zuvor gegangene und zum Allheilmittel erklärte Weg, dem zähen Verkehrsstrom neue (bis zu achtspurige) Flußbetten zu verpassen, hat sich als Trugschluß erwiesen, denn die dadurch erreichte Entspannung der Verkehrssituation erhöhte wieder die Attraktivität der jeweiligen Strecke ... ein Teufelskreis. »Deshalb streben die Planungskonzeptionen generell eine verstärkte Umorientierung vor allem des Berufsverkehrs von privaten auf öffentliche Verkehrsmittel an, die vorrangig ausgebaut werden sollen.« (H. Knauß) Das »Füllmaterial« zwischen den rigiden Fahrtakten und -strecken des öffentliches Verkehrs und den individuellen Mobilitätsbedürfnissen (soweit sie zu Fuß nicht erledigt werden können) sind moderne effektive Falträder mit hohem Fahrspaß und Praxiswert.

Falträder in Verbindung mit anderen Verkehrsmitteln

Sollen zwei Fahrzeuge miteinander in Kombination eingesetzt werden, dann müssen sie zueinander passen wie Puzzle-Stücke. Lücken in der Mobilitätskette fallen um so stärker auf, je effizienter (in Service und Geschwindigkeit) sich die einzelnen Bestandteile der Kette geben und erlebt werden. Es wäre deshalb sinnvoll, statt zum Beispiel dem ICE weitere 10 km/h Endgeschwindigkeit zu entlocken oder weiterhin für »freie Fahrt für freie Bürger« zu plädieren, die Mobilitätslücken zu schließen. Frederic Vester stellt in seinem Buch »Ausfahrt Zukunft« ganz richtig die Frage: »Sollte die Technik heute nicht in der Lage sein, endlich eine Vorrichtung zu schaffen, die ein Fahrrad im oder am Auto zum sofortigen Umsteigen mitführen läßt, ohne mühsames Aufklappen oder An- und Abschrauben?« Er folgert: »Doch dazu müßten nicht nur die Autobauer ein fahrradfreundliches Auto, sondern auch die Fahrradhersteller ein autofreundliches Fahrrad herstellen, für dessen Zusammenklappmechanismus man nicht einen Extra-Führerschein braucht.«

Nach rasanter Fahrt faltet Erfinder Markus Riese sein Rad mit geübten Handgriffen in die Tasche, die im Fahrbetrieb als Rucksack dient. In der Tragetasche wird das Birdy ein unkomplizierter Reisepartner.

Die vermehrte Fahrradnutzung schließt eine konstante Fortführung gewohnter Mobilität aus. Das Fahrrad ersetzt andere Verkehrsmittel, es wird diesen aus verschiedenen Gründen vorgezogen. Das Spektrum dieser Gründe reicht vom größeren Fahrspaß bis zur Zeit- und Geldersparnis. Die Lobby anderer Verkehrsmittel – namentlich die Autoindustrie – hat also nur bedingt Interesse, das Fahrrad zu fördern und pulvert jährlich 241,8 Millionen DM alleine in Deutschland in die Werbung (lt. Süddeutsche Zeitung 5.7.1996). Maßnahmen, die das Fahrradnutzen/transportieren fördern, werden nur auf hohen Druck der Nachfrageseite als Marketingantwort in der Autokonzeption umgesetzt.

Der Modul-Ansatz, das Fahrrad als modularen Bestandteil der Mobilität, als Lückenschließer zwischen anderen Beförderungsmöglichkeiten aufzufassen, verlangt eine Modifikation des Fahrrades. Dabei sollten die öffentlichen Verkehrsmittel, Flugzeuge und das eigene Auto als Konstante betrachtet werden, das Fahrrad als Veränderbare. Insofern ist die Entwicklung von zerlegbaren Rädern logisch und volkswirtschaftlich sinnvoll. Schließlich ist es preiswerter, wenn Radfahrer sich passende Fahrräder zulegen, anstatt alle Verkehrsverbindungen für die – noch wenigen – Fahrradnutzer, die das Rad mit anderen Fortbewegungsmitteln kombinieren, auszubauen. Anzumerken ist aber auch, daß die Nutzung der öffentlichen Verkehrsmittel von radelnden Pendlern mit einem steigenden Angebot (Möglichkeiten des Radtransportes) ebenfalls stiege, frei nach dem Sprichwort: Gelegenheit macht Diebe.

Modelle und Einsatzgebiete

Faltradfahrer sind Umsteiger, und das Umsteigen beginnt im Kopf. Es folgt über allen rationalen Aspekten ganz im Trend der Zeit auch der Frage: Bringt eine Veränderung mehr Spaß in mein Leben? Treffe ich mit einem Faltrad den Puls der Zeit oder bin ich gar ein Trendsetter? Erste Folgerung für die Konstruktion des Rades ist deshalb: »Und zwar schick und clever konstruiert« müssen die Räder dafür sein (F. Vester, in Bike 8/96). »Schließlich ist es besonders beim Faltrad wichtig, daß die Benutzung Spaß macht. Sonst wird der ›Mitnahmewiderstand« zu hoch, und das Faltpaket bleibt zuhause.‹ (Thomas Froitzheim)
Der Wahl des Modul-Bike-Modells gehen jedoch einige Fragen an den potentiellen Nutzer voraus: Bin ich überhaupt bereit, meine Mobilität zu ändern? Wo liegen die Schwächen meines bisherigen Konzeptes? Warum möchte ich meine Reisegewohnheiten ändern? Zu welchen »Opfern« bin ich bereit?
Bereits im Kapitel über die Geschichte der zerlegbaren Fahrräder zeigte sich, daß es eine nahezu unüberschaubare Vielfalt an Konstruktionen gibt. Für jede Konstruktion stand eine spezielle Zielsetzung Pate. Die Frage, ob ein Faltrad für eine individuelle Mobilitätslücke oder als Ersatz für ein anderes Verkehrsmittel sinnvoll ist, kann man nicht pauschal beantworten. Antworten auf diese Frage erhält man nur, wenn die konkreten Modelle des Marktes

Das ZOOM wird irrtümlicherweise oft als BMW-Produkt bezeichnet. Erfinder des Fahrzeugs ist der in Mailand arbeitende Designprofessor Richard Sapper. Per Knopfdruck kann das Rad in zwei Teile zerlegt werden. Basis des Rades ist ein Parallelogrammrahmen, der mit einem Handgriff zusammengeklappt wird und aus dem Rad ein längliches Gepäckstück macht. Hinten ist das Rad einseitig aufgehängt, vorne gefedert. Der Antrieb verschwindet in einer Verkapselung. Die Konstruktion basiert auf genieteten Strangpreßprofilen aus hochwertigem dünnwandigen Aluminium. Bild: BMW

auf ihre Brauchbarkeit hin geprüft werden.

Gute Falträder sind eine Art Schweizer Messer der Mobilität, man wertschätzt sie erst dann richtig, wenn man einmal in einer wichtigen Situation darauf verzichten mußte.

Der Mountainbike-Boom brachte viele Menschen wieder zum Fahrrad, im Trekkingrad fanden sie dann die Verheißung eines vor allem sinnvollen Fahrzeuges. Daneben bewirkten die schrillen Designs der Geländeräder auch, daß sich die Sehgewohnheiten der breiten Öffentlichkeit änderten. Ein Fahrrad muß heute nicht mehr zwingend aussehen wie Großvaters Drahtesel. Die verschiedensten Fahrradkonzepte und -rahmenformen entlarvt auch Otto Normalbürger heute als Fahrrad oder Bike. Im Kielwasser dieser »grobstölligen« Entwicklung ist das Erscheinungsbild eines Faltrades keine Besonderheit mehr. Man kann heute mit völliger Selbstverständlichkeit auf einem solchen, vielleicht noch vor zehn Jahren als »komisch« empfundenen, Gefährt radeln, ohne aufzufallen; die Hemmschwelle ist erfreulich klein geworden.

Um beim Falt & Ride Spaß zu haben, muß das Fahrrad dem persönlichen Anforderungsprofil entsprechen. Folgende Klassifizierung der Räder und Anwendungsfelder ist sinnvoll:

- Pendler-Räder

  Diese Räder werden in direkter Verbindung mit anderen Verkehrsmitteln genutzt. Sie dienen zum Beispiel für die tägliche An-

Handlich und formschön, das Bicini. Leider muß man mit nur einem Gang vorliebnehmen. Bild: Köln Messe mit Dank an Juliane Neuß

fahrt zu Arbeit. Ihr Alltag besteht aus einem hohen Trag- und passiven Transportanteil (d.h. sie werden oft transportiert, anstatt ihren Besitzer zu befördern) und häufigem Auf- und Abbau. Daraus ergeben sich konkrete Anforderungen:

- geringes Gewicht
- schnelles Zusammenklappen und Auffalten
- kleines Packmaß
- sauberes Handling (ohne dreckige Finger)
- verschleißfreier Faltmechanismus

Weniger bedeutend sind hingegen:

- hohes Geschwindigkeitspotential
- »perfektes« Fahrverhalten
- High-End-Ausstattung (Schaltung/ Bremsen)
- gute Ergonomie
- Transportsicherheit

Vermutlich wird es nie ein Fahrrad geben, daß alle Ansprüche perfekt vereint.

- Falträder

  Schon in ihrem Namen vereinen sie zwei Dinge: Das Falten und das Rad. Insofern muß auch ihre gesamte Konstruktion verstanden werden: Sie bemühen sich um eine gute Klappfunktion bei adäquatem Fahrverhalten, respektive um einen sinnvollen Faltmechanismus kombiniert mit sehr guten Fahreigenschaften. Diese Räder haben gegenüber den Pendel-Bikes folgende veränderte Prioritäten:

- gutes Fahrverhalten
- dem herkömmlichen Fahrrad möglichst ähnliche technische Ausstattung
- dem »Big Bike« entsprechende Ergonomie und Kraftausbeute

Dafür werden Kompromisse folgender Art in Kauf genommen:

- größeres Packmaß
- mehr Aufwand beim Zerlegen
- geringere Sauberkeit des Faltvorgangs

In dieser Kategorie finden sich Namen wie Green Gear Cycling und Riese und Müller. Diese Räder werden weniger häufig befördert, dafür aber vielfach gefahren. Einhergehend damit legen die Nutzer mehr Wert auf die »fahrenden« Eigenschaften des Rades. Richtigerweise ist hier anzumerken, daß das Friday nur als »Taschenrad« in diese Kategorie gehört. Dient das Rad von Green Gear Cycling als »Kofferbike«, muß es, was seine Zerlegeigenschaften anbelangt,

Falträder sind beratungsintensiv, wie es in Händlerkreisen heißt, deshalb scheuen sich viele Händler, Falträder ins Programm aufzunehmen.

zu den Rädern mit Klappoption gezählt werden.

- Räder mit Klappoption
  Im Kapitel Geschichte ist dieser Ansatz als der »amerikanische« tituliert worden: Das Zerlegen wird zugunsten »perfekter« Fahreigenschaften zu einem aufwendigen Projekt. Die Besitzer dieser Räder nutzen ihre Bikes im Regelfall im Fahrbetrieb und wollen lediglich für seltene Gelegeheiten, quasi Notfälle, einen Faltmechanismus. Die Anforderungen ordnen sich entsprechend wie folgt:

– hundertprozentiges Fahrverhalten
– Dynamik und Ergonomie wie beim herkömmlichen Rad
– dem traditionellen Rad entsprechendes Gewicht
– sehr sicherer Transport

Daraus ergeben sich Konsequenzen:

– komplizierter Klappmechanismus
– alternativ: hohes Packmaß
– Werkzeugeinsatz und ölige Hände beim Aufbauen

Historisch betrachtet gibt es zwei klassische Vertreter dieser Gattung: Das Galaxe und das Moulton. Beim Moulton geht die Qualität der Fahreigenschaften soweit, daß damit sogar das Race Across America gefahren wurde. Modernes Kind dieser Idee ist das S & S-Machine-Bajonett. Erschwert wird die Auswahl des richtigen Rades durch den Entstehungsprozess vieler Modelle. Eine beträchtliche Zahl von Designern hatte bei der Arbeit am Faltrad primär die Deckung eigener Mobilitätslücken im Kopf. Eine Orientierung an einer definierten Käuferschicht fand nicht statt. Es verhielt sich meist gegenteilig: Im Anschluß an die Fertigstellung des Rades wurde nach einer potentiellen Käuferschicht gefahndet.

Kosten und Nutzen

Fahrräder haben ihren Preis. Dabei spielt es keine Rolle, ob es sich um ein Alltagsrad oder um ein Spezialrad handelt. Im Vergleich zu anderen Industriegütern erscheinen Fahrräder teuer, was sie vom Materialeinsatz und Produktionsaufwand her betrachtet auch sind.

Für etwa sechstausend Mark ist sicher ein guter Gebrauchtwagen erhältlich ... beim Fahrrad tritt man in dieser Preisklasse gerade in die Spitzenplätze ein und hat das funktionelle Mittelfeld soeben verlassen ... bei speziellen Rädern sieht es eher noch düsterer aus! Sie haben einen sehr schweren Stand. Bei den kleinen Stückzahlen ist der Produktionsaufwand hoch und die Komponentenstückzahlen sind zu gering für »gute« Einkaufspreise. Der hohe Verdrängungskampf im Mountainbike- und Trekkingradsektor läßt hier nicht nur die Preise sinken, sondern sorgt dabei auch für immer besser ausgerüstete Räder. Trotz stagnierender Preise der Spezialräder werden diese Konstruktionen im Verhältnis zu Mainstreambikes fortwährend teurer. Diese Entwicklung liegt nicht in den Händen der Liegerad-, Faltrad-, Tandem- und Transportradhersteller. Sie wirkt sich aber natürlich nicht förderlich auf die Absatzzahlen aus.

Dieser rein betriebswirtschaftliche Blick ist aber kurzsichtig. Die Frage sollte nicht lauten: Wieviel »Fahrrad« bekomme ich für mein – hart erarbeitetes – Geld, sondern vielmehr: Welche Möglichkeiten erhalte ich durch den Kauf dieses oder jenes Rades? Löst man die Preisfrage vom Material – bringt sie quasi in eine Metaebene – so sind Fahrräder gar nicht mehr so teuer ... sie werden preiswert. Das macht sie selbstverständlich nicht erschwinglicher, läßt die Investition aber in einem günstigeren Licht erscheinen. In diesem Zusammenhang sind manche Bestrebungen der Hersteller zu sehen. Ihnen sitzt der Schock des radikalen Preisverfalls der siebziger Jahre ohne Rücksicht auf Qualität und Nutzwert noch in den Gliedern.

Gewissenhaft produzierte Falträder gehören nicht zur Unterklasse der Velos. Unterhalb von DM 1.000,– sollte man jedes Angebot genau in Augenschein nehmen.

Der Kaufpreis eines Faltrades kann auch als Bestandteil einer größeren »Mobilitätsrechnung« aufgefaßt werden. Mit einem Faltrad erspart man sich viele Taxifahrten, Bus- und U-Bahnkarten, vielleicht sogar den Zweitwagen. Vom Zeitgewinn und der Steigerung der Lebensqualität ganz zu schweigen ... wie lassen sich die mit Geld aufwiegen?

Allgemein formuliert Christian Krämer von »Kamikaze Cycles« (Neunkirchen a. d. Saar): »Zieh' beim Preis Deines neuen Autos eine Null ab – soviel muß Dir Dein Bike wert sein!«

Wo kauft man ein Faltrad?

Enttäuscht kommen die meisten Faltrad-Interessenten vom Besuch beim heimischen Radhändler zurück. Nur wenige haben das Glück, auf einen Händler zu stoßen, der einen Faltradbegriff abseits der Verunglimpfungen der siebziger Jahre hat.

Empfehlenswert ist der Gang zu einem Fachhändler am Ort oder in der nächsten Großstadt, der mit Auswahl und Erfahrungswerten zu verschiedenen Herstellern und Modellen überzeugt. Seine Tips können Gold wert sein, wenn er firmenunabhängig berät.

Der Kundenservice von Herstellerfirmen, die überwiegend direkt verkaufen, variiert stark. Eine den Einzelkunden ignorierende Vertriebsweise ist besonders bei großen Firmen nicht selten, die schlicht auf einen einzelnen Kunden nicht angewiesen sind und ihn deshalb oder auf Grund der Firmengröße und der

Bevor die Rahmen bei Green Gear Cycling pulverbeschichtet werden, unterzieht ein Mitarbeiter sie einer Sandstrahlung.

damit verbundenen Reibungsverluste vergessen oder ignorieren.
Ein Faltrad im Erzeugerland zu kaufen, lohnt sich nur in Einzelfällen, dies zu prüfen, ist aufwendig. Wer in seiner Heimatstadt guten Service und prompte Hilfe wünscht, dem ist der Gang zum nächsten Fachhändler (Fachhändler auch in Bezug auf das Thema Faltrad) zu empfehlen.

Fahren

Allgemein ist davon auszugehen, daß die Kunst des Radfahrens zur gesellschaftlichen Serienausstattung eines Mitteleuropäers gehört. Dennoch möchte ich einige Worte dazu verlieren, denn Faltradfahren gehorcht zwar den gleichen Gesetzen, hat aber doch eigene Aspekte.

Im Kapitel Konstruktion ist einiges zu den Besonderheiten kleiner Laufräder zu erfahren. Sie werfen ihre Schatten auch auf das Fahrverhalten: Schnelle Lenkung und »rumpelige« Fahrt sind die Hauptmerkmale der »Winzlinge«.
Weil die Konstruktion eines Faltrades nicht alleine den Ansprüchen des Fahrbetriebes genügen muß, sondern auch der Klappfunktion, ergeben sich oft Einschränkungen des Fahrverhaltens. Das Bickerton ist ein gutes Beispiel dafür. Es verlangt einen völlig eigenen Fahrstil, bei dem man auf das Rad eingehen muß. Dies ist für versierte Radler durchaus problematisch. Sie gehen mit der Erwartung, ein »normales« Rad unter sich zu haben, auf die erste Tour und kehren frustriert oder

sogar mit Blessuren heim. Je mehr ein Rad für den Pendeleinsatz konzipiert ist, desto größer sind die zu erwartenden Abweichungen im Fahrbetrieb gegenüber dem klassischen Rad. Das ist nicht schwerwiegend und im Sinne des Einsatzgebietes nicht verwerflich; dessen sollte man sich aber in allen Fahrsituationen bewußt sein. Das Brompton ist eine angenehme Ausnahme.

Ein kontrollierender Blick oder Handgriff zum Zerlegemechanismus vor jeder Fahrt muß Selbstverständlichkeit sein. Nicht nur, weil mancher Mechanismus sich von Zeit zu Zeit lockert, auch spaßige Zeitgenossen erleben scheinbar Hochgenüsse, wenn sie die Schnellspanner und Flügelschrauben parkender Räder öffnen. Ein einfacher Trick ist hilfreich: Die Form des Schnellspannhe-

Neuen Zielen entgegen . . . das Faltrad ist oftmals das sinnvollste Verkehrsmittel dafür!

bels einfach mit einem Lackstift auf dem Bauteil nachzeichnen, auf dem er »aufsetzt«. Dann kann man mit einem kurzen Blick erkennen, ob sich etwas am Spanner getan hat.

Ausrüstung

Radfahren ist nicht alleine die Technik des Trampelns und Gleichgewichthaltens. Vielerlei Accessoires sind notwendig, um diese Fortbewegung standesgemäß und sicher zu vollziehen, möchte uns die Werbung der entsprechenden Hersteller glaubhaft machen ... welche Besonderheiten bestehen beim Faltrad und seinem Piloten?

Die Mehrheit der Faltradler geht dem Radeln zweckgebunden im Alltag nach und nicht sonntäglich im Naherholungsgebiet. Insofern folgen die Anforderungen an funktionelle Bekleidung anderen Maßgaben, als sie vom Sportler bekannt sind. Einen Haken hat die funktionelle heutige Radlerkleidung: Sie ist eine Uniform. Meilenweit wird der Pendler als Radfahrer erkannt, wenn er sich funktionell kleidet. Das paßt nicht zum Image eines Büroangestellten oder Managers, der sich infolgedessen in dieser Kleidung nicht wohlfühlt. Auf diese Leibchen und Hosen zu verzichten, ist allerdings riskant. Sie schützen effektiv vor der Witterung und stellen einen guten Abtransport des Schweißes sicher.

Sinnvolle Materialien setzen sich immer weiter durch, und jeder, der einmal ein Cool-Max-Trikot (oder vergleichbares Material) getragen hat, möchte nicht mehr zum Baumwoll-T-Shirt zurück. Gleiches gilt für Polartec-Fleece-Kleidung. Doch es gibt Lichtblicke unter den Kleidungsherstellern. So bietet Cannondale eine Reihe mit »straßentauglicher« Bekleidung an. Lockere Paßform und fröhliche Designs sind federführend bei dieser Kollektion. Für kühlere Tage bietet sich die Jeans Jacke von Pearl Izumi an, sie ist innen mit Cool Max ausgefüttert. Ein Polo-Shirt mit gleichen Eigenschaften ist ebenfalls im Angebot. Von Shimano und anderen Herstellern sind Sandalen und unauffällige Schuhe mit SPD-Klicksohle erhältlich. Ein Besuch beim Radhändler und im nahegelegenen Trekkingladen zeigt, daß das Angebot funktioneller – weil nicht feuchtigkeitsspeichernder – Kleidungsstücke täglich zunimmt.

In Design und Paßform gibt es ausreichend Helme am Markt. Auch der pendelnde Faltveloist wird dabei fündig. Folgende Kriterien sollte der Helm erfüllen:

- Stabile Aussenhaut, da der Helm oft transportiert, aber nicht getragen wird; also aneckt.
- Einfacher Verschluß, der möglichst einhändig zu bedienen ist, weil der Helm oft auf- und abgesetzt wird;
- Wechselbare Pads, um sie waschen zu können;

Natürlich ist auch der Anhänger faltbar . . .

In seinem Element: Das Moulton Speed!

Das Micro Bike von Otto Linander und Sven Hellenstam aus Schweden (oben).

Komfortable Fahrt über rumpelige Pisten mit dem Birdy . . .

Hunderttausende dieser MIFA-Klappräder sind noch heute in der ehemaligen DDR im Einsatz.

m deutschen TÜV
Graus, für die Faltrad-
rerin die reinste Wonne:
Raleigh Stowaway mit
rbrennungshilfsantrieb
ben links).

tradfahren ist keine
age des Alters, sondern
Einstellung . . .
ben rechts).

egriff einer fatalen
sion – das Klapprad!

Das Moulton APB war das erste vollgefederte Mountainbike in Serienproduktion.

Ein Brompton samt Besatzung ist startklar.

- Beste Belüftung, um frühzeitiges Schwitzen zu verhindern;
- Signaldesign.

Doch wohin mit dem Helm, wenn die Pendeltour zuende ist? Im trauten Heim landet der Helm an der Garderobe, im Büro ist dies nicht immer möglich. Einige Rucksackmodelle für Radfahrer sind mit Helmfächern versehen. Von Louis Garneau gibt es einen sogenannten »T-Guard«. Mit ihm kann der Helm einfach mit dem Fahrrad abgeschlossen werden. Doch Vorsicht bei nicht überdachten Abstellplätzen und in Gegenden, die für Vandalismus bekannt sind.

Zusammenlegen

Die hohe Kunst, ein Faltrad galant und zügig zusammenzulegen, will gelernt und geübt sein. Kaum etwas ist peinlicher, als ein mißlungener Versuch, sein Birdy auf dem pulsierenden Busbahnhof Dortmunds »einzutüten«. Wer die Fügungstechnik seines Rades nicht beherrscht, kann damit auch das termingerechte Erreichen seines Zuges in Waterloo Station auf's Spiel setzen ... Natürlich kann das Rad Defekte durch unsachgemäßes Zerlegen davontragen. Es empfehlen sich einige Trockenübungen mit dem Rad, bevor es zum Einsatz kommt. Dabei gesammelte Erfahrungswerte sind sehr dienlich. Zum Beispiel klappt sich das Bickerton einfacher und kleiner, wenn die Pedale in der Vier-Uhr-Stellung stehen. Beim Montague (BMW-Rad) ist das kleinste Packmaß zu erreichen, wenn die rechte Pedale nach unten steht.

Eine nur 6 Zentimeter breite Nabe baut Brompton in das Vorderrad ein. Auch dies verhilft dem Rad zu einem kleinen Packmaß.

Die Packzeit ist neben dem Packmaß und den Fahreigenschaften das wichtigste Kriterium, um festzustellen, ob das Rad die eigenen Bedürfnisse trifft. Je länger das Falten dauert, desto seltener sollte man es tun müssen. Wer viel faltet, darf dabei nicht viel Zeit verlieren!

Bei Pendelbikes ist das Klappen meist sehr komplex (z.B. Brompton). Einzelne Schritte müssen in einer bestimmten Reihenfolge durchgeführt werden und »Kleinigkeiten« (Lenkerstellung) haben große Bedeutung. Hat man das System einmal verstanden und verinnerlicht, so fällt das Prozedere aber leicht und wird schnell zur Reflexhandlung.

Anders verhält es sich bei Rädern mit Klapp-Option, wie zum Beispiel den Velos mit S & S-Bajonetten. Das System ist auf den ersten Blick schlicht: Rahmen teilen und in die Tasche! Es erhält seine Würze durch den Umstand der zu teilenden Bowdenzüge (bei solidem Verpacken) und der zu entfernenden Laufräder (sowie Sattel und Lenker). Hier sind Werkzeugeinsatz und Kompetenz gefragt, ansonsten sind Defekte und Lackkratzer vorprogrammiert.

Bei manchen Modellen kombinieren sich Einzelaspekte unangenehm. Ein Bike Friday in den Koffer zu verstauen ist auf den ersten Blick undurchsichtig und obendrein handwerklich kompliziert und aufwendig. Seine Krönung findet dies im Two'S Day Tandem.

Die Kisten und Taschen der Falträder sind sehr schmal bemessen und erlauben dem Rad nur eine bestimmte »Liegeposition«. Die Tasche des Birdy nimmt das Rad in nur einer Haltung auf. Gleiches gilt für die Mehrheit der anderen Modelle am Markt. Wenn Eile das Einpacken erschwert, gibt es zwei Auswege:

- Beherzigen des Leitspruches: »Wer es eilig hat, sollte langsam und besonnen handeln«, also ruhig bleiben und das Rad falten. Tief durchatmen und das Rad langsam in die Tasche gleiten lassen. Ein konzentrierter Verpackungsversuch geht zügiger vonstatten, als zwei hektische hintereinander!
- Einfach mit dem Rad in die Bahn oder den Bus (Flugzeug schließt sich bei dieser Variante aus) steigen und dort als erstes das Rad nach Maßregel 1 verpacken. Auch wenn Mitreisende oder Personal zuerst murren, sie werden staunen, wenn das Rad in der sauberen Tasche verschwunden ist und im Gepäcknetz liegt.

Die Größe des optimalen Packmaßes ist unterschiedlich. Im eigenen PKW darf sich das Rad breit machen; in der U-Bahn muß es ein Winzling sein. Diesem Umstand tragen einige Hersteller Rechnung durch ein Zwei-Phasen-Klappen. Das Nexi-Bike zum Beispiel kann mit zwei Handgriffen gefaltet werden. Im nächsten Schritt läßt es sich bei Bedarf in eine wesentlich kleinere Tasche packen. Gleiches setzt Green Gear Cycling mit der Option, das Rad in eine Tasche zu packen, um. Der Koffer kommt somit nur zum Einsatz, wenn er benötigt wird.

Trage-Technik

Was beim Zerlegen förderlich ist, erleichtert auch das Tragen des Rades – Einige Versuche in der trauten Stube, wie das Rad am besten mit der eigenen Anatomie im Einklang getragen werden kann, sind nützlich. Der eine trägt lieber mit den Händen, während ein anderer die Vorliebe hat, die Tasche mittels eines Riemens auf die Schulter zu hängen und mit den Händen lediglich zu stabilisieren.

Einhändig, zweihändig, auf der Schulter, hinter dem Rücken, seitlinks oder vor dem Körper, die Möglichkeiten sind unbegrenzt. Jedem seine Lieblingsvariante!

Vorbildlich ist das Konzept von Mark Sanders. Sein Strida wird einfach hinterhergeschleift, es rollt auf einem Rad!

Einige Tips zum Tragen, die nicht allein auf das Brompton anwendbar sind:

- Den Sattel leicht herausziehen und auf der Schulter ablegen. Dann mit der rechten oder linken Hand in leicht gewinkelter Armstellung zugreifen. Mit Vorsicht sollte man dabei der Kette samt anderen öligen Bauteilen,

Ist der Ruf erst ruiniert, konstruiert es sich ganz ungeniert! – Frei nach diesem Motto gingen viele Hersteller während der Klappradwelle vor.

wie etwa Sattelstütze und herausgezogene Vorbauten oder Schaltungskomponenten begegnen, ansonsten können Ölflecken die lästigen Überbleibsel der Tragepartie sein.
- Vorzüglich läßt sich zum Beispiel das zusammengeklappte Brompton am Sattel oder dem Hauptrohr greifen und tragen. Sollte das Faltrad aus Mangel an dafür konstruierten Mechanismen im »geschrumpften« Zustand keine kompakte Einheit bilden, so empfiehlt es sich, durch Spannriemen oder ähnliche Hilfsmittel dafür zu sorgen. Dies erleichtert das Tragen und damit die Freude am Faltrad ungemein, ohne kostenintensiv zu sein.

Weniger ist manchmal schon genug: Tretroller & Co

An dieser Stelle, wo schon viele Worte über ölige Ketten und hinreichende oder unzulängliche Schaltungen verloren wurden, ist die Frage erlaubt, ob es nicht einfacher geht.
Bedarf es überhaupt eines Rades, um die Aufgaben des Faltrades zu erfüllen? Ja und Nein.
Diese Frage kann nicht für alle Falträder gleich beantwortet werden. Folgen wir der obigen Einteilung in Pendelbike, Faltrad und Velo mit Klappoption, dann ist das Fahrrad nur im Pendelbereich, wo die Fahrstrecken recht kurz sind, ersetzbar. Wie Mark Sanders bei der Entwicklung des Stridas richtig fragte, »Wieviel Fahrrad braucht der Mensch in diesem Bereich eigentlich?«, sind viele Aspekte des (Falt)rades eigentlich nur Rattenschwanz der wenigen Vorzüge. Diese Vorzüge liegen im verhältnismäßig einfachen Handling und vergleichsweise hohem Reisetempo. Die Nachteile sind der relativ hohe Anschaffungspreis, Serviceintervalle und Defektanfälligkeit.
Gut konzipierte Tretroller haben das halbe Gewicht eines Zerlegrades und einen wesentlich geringeren Anschaffungspreis. Außerdem können sie ohne Größenanpassung von verschiedenen Personen genutzt werden, und die Wartung beschränkt sich auf ein paar Tropfen Öl und einige Stöße mit der Luftpumpe (dies fällt bei Vollgummireifen sogar weg).

Vorzüge Tretroller:
- leicht
- preiswert
- kaum Wartung
- einfaches Handling
- freie Fahrt in Fußgängerdomänen
- keine Größenanpassung notwendig

- Fahrspaß wie in den besten Kindertagen
- für alle Altersklassen geeignet

Nachteile Tretroller:
- nicht für lange Strecken geeignet
- nicht so schnell wie ein gutes Fahrrad
- Hersteller stecken noch in den Kinderschuhen
- juristische Grauzone (zur Zeit gelten Roller als »Spielzeug«)
- noch ungewohnt im Straßenbild (Benutzer stehen wie auf einer Bühne)
- Auf Schnee und -matsch nicht fahrbar
- Benutzer werden als Verkehrsteilnehmer nicht ernstgenommen, sondern noch als Spaßvögel abgetan.

Roller haben durch ihre Verwandtschaft mit dem Kinderspielzeug eine hohe Toleranz in Bereichen, die ansonsten dem Fußgänger vorbehalten sind. Etwa in Werkshallen, Supermärkten, der U-Bahn oder auf Messen. Rollerfahrer dürfen passieren – unaufdringliche Fahrweise vorausgesetzt –, wo Ritzelrittern mit öliger Kette die Durchfahrt verwehrt bleibt.

Übringens gibt es auch Roller, die einen Hebelantrieb mit Nabenschaltung besitzen, der ihnen ein höheres Geschwindigkeitspotential verschafft (Swing Drive oder Blauwerk). Modelle mit kleinen Verbrennungsmotoren haben in Deutschland – bedingt durch den TÜV – einen schweren Stand.

Für die kurzen Strecken in den Innenstädten genügt häufig ein Roller, er ist leicht, zügig zu fahren und verlangt kaum Wartung. Auch Fußgängerzonenschilder können ihn nicht aufhalten!

Dieser Gedankengang kann noch weiter geführt werden: Neben dem Roller bieten sich auch

Mit Hebelantrieb war der Kick and Go von Honda ausgestattet, ein rasanter Fahrstil wurde dadurch möglich.

- Skateboards
- Snakeboards
- Inlineskates
- Kompaktrad-Konzepte

für den Pendelbereich an.

Die Funsportgeräte Snakeboard und Skateboard eignen sich vornehmlich für Jugendliche und Jungebliebene, die das neue Fahrgefühl schnell erlernen, gleiches gilt für Inlineskates.

Das Kompaktrad-Konzept

Im Zeitalter der Vans und Kombis ist die Klappfunktion am Fahrrad gar nicht zwingend für den Transport. In den großen Kofferräumen der rollenden Durchschnittsmobilität verschwinden kleine, kompakt gehaltene Räder ohne jede Demontage. Erste Modelle dieser Art gab es bereits im letzten Jahrhundert. Scientific American berichtet in der Ausgabe 12/27/1919 über ein extrem kompaktes Fahrrad. Das Rad von C.H. Clark hat etwa 40 Zentimeter Radstand und 20 Zentimeter große Laufräder. Obschon das Rad während des New Yorker Sechstagerennens erstaunlich schnell auf der Bahn fuhr, sah der Erfinder den Einsatzzweck vornehmlich in der Stadt. Das Rad verkörpert eine radikale Umsetzung des kompakten City-Rades, wie sie bis heute nicht wieder aufgetaucht ist.

Eine Wiederbelebung erhielt das Kompaktrad-Konzept in der Mitte der achtziger Jahre. Etwa durch Michael Browning, der ein vollgefedertes, kompaktes Rennrad mit kleinen Laufrädern und hydraulischen Bremsen auf den Markt brachte. Im Gegensatz dazu steht das City Hopper von Kettler: Extrem kompakt, mit integrierten Trägern und Gepäckfach war es einzig für die Einkaufsfahrt in der Innenstadt konzipiert. Es kann getrost als eine der innovativsten Schöpfungen der deutschen Fahrradindustrie in den achtziger Jahren

Ein Kompaktrad für die Innenstadt kann man mit ein bißchen Fantasie auch aus einem alten Fahrrad bauen.

aufgefaßt werden! Im Europa des letzten Jahrzehnts vor der Jahrtausendwende wird das Kompaktrad-Konzept meist in Form von Stadtradstudien aufgegriffen. Ein Blick auf die Vorzüge dieser Konstruktionen lohnt sich:
Vorteile der starren, kompakten Räder:

Das Double Orange von Batavus ist eine Designstudie, die das Gedankengut des modernen Modul-Bikes futuristisch umsetzt.

- kein Zerlegemechanismus als Verschleiß- und Fehlerquelle
- kein Zerlegemechanismus als Preistreiber
- kein Zerlegemechanismus als »Weichmacher« des Rahmens
- kein Zerlegemechanismus als Zusatzgewicht
- kein Zeitaufwand für das Zusammenbauen

Nachteile:
- keine Vorteile in Bus, Bahn und Flugzeug
- Rad nur für Vans und ähnlich geräumige Transportarten geeignet
- höherer Anschaffungspreis gegenüber dem traditionellen Velo

Mit Modul-Bikes in Bus und Bahn und anderem

Mit dem Fahrradboom ist in den letzten Jahren auch die Nachfrage nach Mitnahmemöglichkeiten für Zweiräder in der Eisenbahn dramatisch gestiegen. Besonders bei Fahrradreisen eignet sich die Bahn zur zügigen Anreise, weil sie die Urlauber nicht zum Ausgangspunkt der Radtour zurück zwingt, wie etwa ein geparktes Auto. Bei der Bahn sorgten erhöhte Fahrradmitnahmeraten ersteinmal für ein Verbot des Transportes oder für Sperrfristen, wie sie in regionalen Zügen

Falträder gewährleisten eine schnelle Anbindung an den öffentlichen Personennahverkehr. Bild: Voss Spezialrad GmbH

(S-Bahnen usw.) üblich sind. Das Mitführen von Rädern ist in Zügen ohne Gepäckwagen oder den raren Fahrradabteilen derzeit gänzlich untersagt. Gepäckwaggons sind im letzten Vierteljahrhundert nahezu gänzlich aus dem Erscheinungsbild der Züge der Bundesbahn verschwunden. Vereinzelt transportieren sie in Nachtzügen noch Postsäcke. Früher dienten sie dem Radler als rollende Garage für das Velo.

Mit der Einführung der Interregios, die lange Strecken mit vielen Stops zurücklegen, hat die Bundesbahn nun wieder eine Fahrradmitnahme im Programm. Die Interregio-Züge haben spezielle Abteile mit acht Fahrradstellplätzen.

Diese Fahrradabteile blicken auf eine lange Geschichte zurück. Schon 1902 führte die »Great North of Scotland Railway« zwei Fahrradwaggons ein. Diese verkehrten auf der Aberdeen-Ballater-Linie.

Interessenvertretungen der Radfahrer werfen den Bahngesellschaften oft mangelnde Flexibilität und geringes Interesse an der Verbesserung der Situation vor. Mit dieser These sollte man zurückhaltend umgehen und sein Augenmerk auf die Position der Eisenbahnbetreiber richten. Im Zeitalter schneller Automobile und ausgebauter innerstaatlicher Flugverbindungen ist die Eisenbahn genötigt, Tempo zu machen, um im Wettbewerb nicht abgehängt zu werden. Dabei zählt nicht alleine

Solange der Zug nicht völlig ausgelastet ist, kann man sein Faltrad einfach vor eine Sitzbank stellen. Ist der Zug gefüllt, sind Gepäckfächer und -netze ein geeigneterer Platz.

eine hohe Endgeschwindigkeit. Stops in Bahnhöfen müssen kurz gehalten werden. Dies ist der springende Punkt für den Radfahrer. Radler mit ihren sperrigen – oft mit Tourengepäck beladenen – Rädern sind ein Zeitfaktor.

Sich von den »offiziellen« Mitnahmemöglichkeiten unabhängig zu machen, ist mit einem Faltrad gut möglich.

Die Vorzüge des Falters gegenüber dem »Big Bike« (große Laufräder) in der Bahn sind vielfältig:

- Falträder verlangen keine Reservierung
- Falträder finden immer Platz
- Falträder können für die Anreise zum Bahnhof genutzt werden
- grenzüberschreitende Fahrradmitnahme ist uneingeschränkt möglich

Beim alltäglichen Transport des Rades in der Bahn ergeben sich allerdings noch Probleme. Die heikle Frage lautet: Wann ist ein Faltrad Gepäck-

Guter Dinge auf dem Weg zur Arbeit ist dieser Faltradfahrer. Sein Moulton steht »entzweit« neben ihm.

stück und wann ist es Fahrrad? Von der einfachen Unterscheidung zwischen verpacktem und nacktem Rad ist keine Lösung zu erwarten. Schaffner in der Tradition preußischer Pedanterie bestehen selbst bei eingepackten Rädern auf das »Rad in der Tasche«, welches für die Klassifizierung ausschlaggebend sei.

Bleibt das »geschrumpfte« Rad allerdings in seinen Bemaßungen innerhalb der Vorgaben für Gepäckstücke, so ist im Regelfall kein Ärger zu erwarten. In Deutschland ist der »Deutsche Eisenbahn-, Personen-, Gepäck- und Expressguttarif« die Bibel der Schaffner. Gepäckstücke, egal welcher Art sie sind, dürfen nur in der Gepäckablage oder unter dem Sitz verstaut werden. Ragt Gepäck hervor und stört Reisende beim Sitzen oder blockiert einen Durchgang, so ist der Schaffner ermächtigt, doppelte Gepäckfracht (DM 48,–) zu berechnen oder den Radler – samt zu sperriger Tasche – an der nächsten Station abzusetzen. Die Bewertung, wann ein Gang blockiert ist, liegt im Ermessensspielraum des Bahnpersonals ...

Wer mit einem Faltrad unterwegs ist, kann schlechten Zugverbindungen auch etwas Positives abgewinnen: »Nicht zu vergessen die Städte, in denen ich einige Zeit auf Anschlußzüge gewartet habe und mit dem Faltrad auf Sightseeingtour ging. Manchesmal sind die Zugverbindungen so unmöglich ..., daß

Der Spaß steht auch diesem Fahrer im Gesicht geschrieben . . . es blieb allerdings bei einer Probefahrt! Bild: via Folding Society

ich die kurze Strecke lieber gleich per Rad bewältige.« (Thomas Krag, vom Dänischen Radfahrerverband)

Bus

Der Omnibus ist das weitreichendste öffentliche Verkehrsmittel auf diesem Planeten, er erreicht Flecken der Erde, wo kein Flugzeug je landen, kein Schiffe je anlegen und keine Eisenbahn je stoppen wird. Solche Busverbindungen sind flächendeckend über den ganzen Globus verteilt. Deshalb sind sie für Tourenradler sehr interessant und nicht selten die einzige Alternative zum Radeln. In weiten Teilen der Welt sind die Buslinien anders als die Verkehrsverbünde in Deutschland und vielen europäischen Ländern organisiert. Es sind meist kleine Unternehmen, die in manchen Fällen einen beträchtlichen Aktionsradius haben. Nicht selten ist der Mann hinter dem Steuer auch der Chef der Firma. Solange der Bus leer genug ist, gibt es – bei entsprechender Bezahlung – keine Probleme, das Rad mit an Bord zu nehmen. Und natürlich gilt: Wer nett fragt, hat gute Chancen, auch bei widrigen Umständen mitsamt des Rades die Reise antreten zu können.

Die verbreiteten Busse im Nahverkehrsbereich unterliegen dem Regelwerk der lokalen Verkehrsverbünde. Dort finden sich die entsprechenden Paragraphen zum Fahrradtransport. Zwischen den verschiedenen Verbünden gibt es manchmal große Unterschiede.

Bus und Faltrad sind im Innenstadtbereich sowohl Partner als auch »Gegner«. Ein Bus kann in Verbindung mit einem Faltrad den Zweitwagen in die Garage verbannen. Das flinke Rad macht den Bus zeitlich rentabel. Einige Faltradler pedalieren heute allerdings die Strecke, welche sie früher mit einem Bus zurücklegten.

Flugzeug

Flugverkehr unterscheidet sich stark vom Bahn- oder Zugverkehr. Bahngesellschaften arbeiten von jeher als Monopolisten. Sofern sie diesen Status aufgeben mußten, sind zumindestens die einzelnen Strecken strikt zugewiesen. Keine Strecke wird von zwei konkurrierenden Firmen befahren. Ähnlich ist es um die Buslinienbetreiber bestellt. Die Verkehrsverbünde sind in ihrem Gebiet ebenfalls Monopolisten und diktieren somit die Preise und Beförderungsbedingungen. Überregional und international verkehrende Busfirmen befinden sich zumindest in einer theoretischen Konkurrenzsituation. Ihre Mitbewerber sind zumeist Flug- und Bahngesellschaften.

Das weltweite Netz der Flugverbindungen dagegen wird von vielen Spinnen gesponnen und viele Verbindungen sind mehrfach gezogen. So herrscht in den Lüften ein starker Konkurrenzdruck. Dem begegnen die Fluggesellschaften auf dreierlei Art:

– Sie erhöhen den Service bei stagnierendem Preis, um Kunden zu gewinnen. In der Praxis verbessert sich zum Beispiel das servierte Essen im Flugzeug, oder, was für Radler viel interessanter ist, das Bodenpersonal verhält sich sehr kulant gegenüber Übergewicht oder Übergröße des Gepäcks. Meine Faltradtasche, deren Größe über den Höchstbemaßungen der gängigsten Fluglinien

Einmal gelandet, fährt der Pilot auf einem Faltrad davon . . . Bild: Riese und Müller

liegt, ist noch nie abgewiesen worden!

- Sie verringern die Preise, was jeden Kunden freut – vorausgesetzt, daß durch das Dumping keine Sicherheitsmaßnahmen vernachläßigt werden.
- Die Kooperation unter den Fluggesellschaften nimmt zu, um Kosten zu senken und/oder Serviceleistungen zu realisieren und um gemeinsam die Interessen gegenüber Staaten, Institutionen und anderen Geschäftspartnern zu waren. Diese Kooperationen schlagen sich teilweise im Service nieder.

Problematischer als das Einchecken am Schalter ist der Transport des Rades selbst. Die Räder werden – wie jedes andere Gepäckstück, das auf die Rollbänder paßt –, über Rollbänder, Rutschen und Rampen geschickt. »Sprünge« und freier Fall aus stattlicher Höhe sind dabei keine Seltenheit. Diesen Anforderungen muß die Verpackung des Rades gewachsen sein, um das Rad unversehrt zum Zielflughafen zu bringen. Das »Bike Friday Travel System« zielt darauf ab und verpackt das Rad in den berühmten Samsonite-Koffer. Falträder mit einem kleineren Packmaß als das Friday, etwa das Brompton,

Kann die Luft während des Fluges in den Reifen bleiben?
Eine alte Streitfrage, die sich klar mit »ja« beantworten läßt. Die Chance, daß ein Reifen oder besser Schlauch im Flugzeug platzt, ist gleich Null.
Das Maß 1 bar beschreibt den Luftdruck, wie er am Erdboden innerhalb der Atmosphäre herrscht. Wir wandeln also in einer Sphäre, die 1 bar »Standarddruck« aufweist. Wenn die Pumpe beim Füllen des Fahrradreifens 6 bar anzeigt, sind in Wirklichkeit schon 7 bar Druck im Reifen, weil 1 bar Luftdruck bereits im Reifen ist, wenn er mit geöffnetem Ventil daliegt, unabhängig von der Form, die der Schlauch dabei hat. Die Fahrradpumpe zeigt uns an, was wir an Druck zusätzlich in den Reifen pumpen.
Was passiert mit dem Reifen beim Flug?
Mit steigender Höhe nimmt der Druck in der Atmosphäre ab. In den Passagierkabinen bleibt der Druck jedoch etwa auf dem gewohntem Niveau (1 bar). In den Frachträumen, die früher wesentlich geringeren Druck aufwiesen, bleibt der Luftdruck in modernen Flugzeugen ebenfalls nahe dem gewohnten, weil zunehmend Tiere (in Transportboxen) mitreisen.
Schlimmstenfalls kann es zu einem totalen Druckverlust (der Druck sinkt von einem bar in Bruchteilen einer Sekunde auf Null) kommen, das wäre dann allerdings der Tod aller Lebewesen an Bord. Im Reifeninneren nähme der Druck in diesem Fall plötzlich um den Außendruck (max. 1 bar) zu. Nur defekte Reifen oder Reifen schlechter Qualität würden unter diesem erhöhten Druck platzen, ansonsten halten Reifen solchen Belastungen stand! Für den normalen Ablauf gilt also erst recht: Kein Grund zur Sorge, die Luft kann im Reifen bleiben, und lästiges Pumpen am Zielort ist völlig unnötig.

können sich ebenfalls dieser Methode bedienen und mit Decken geschützt in einem Hartschalenkoffer die Reise antreten. Allerdings bleibt solcherart Reisenden nichts anderes übrig, als den Koffer in der Gepäckaufbewahrung zu deponieren oder umständlich auf dem Radl mitzunehmen.
Wer auf den Koffer als schützende Haut für das Zerlegerad verzichten muß, dem bleiben weitere Tricks,

um sein Rad auch in einer weichen Haut sicher ans Ziel zu bringen:

- Isolierschaumstoffrohre aus dem Installationsbereich sind für wenig Geld in jedem Baumarkt in unterschiedlichen Größen erhältlich. Sie schützen Rohre und Kanten des geklappten Rades.
- Einige Bahnen »Luftkissen-Plastik« betten das ganze Rad in der Tasche sehr weich und schützen obendrein!
- Verbliebener Stauraum in der Fahrradtasche eignet sich vorzüglich, um kleine Kleidersäcke unterzubringen.
- Offene Gabeln im Rahmen, zum Beispiel der Hinterbau, die vom Vorderrad befreite Gabel oder eine geöffnete Hinterradschwinge des Fridays müssen unbedingt gegen Verbiegung geschützt werden. Massive, leichte Kunststoffstangen (als Achsenersatz) helfen dabei.
- Gabel- und Hinterbauspreizer, die in statischer Hinsicht das Laufrad ersetzen, gehören in jedes Faltrad, das auf Reisen geht. Sie sind ein Abfallprodukt der Fahrradlieferung im Handel. Auf freundliches Fragen hin kann man sie häufig kostenlos erhalten. Die Taschen oder Koffer, die das Rad aufnehmen, müssen in der Mitte gestützt werden, um dem rauhen Transport zu trotzen.

Vorteile von Falträdern gegenüber »big bikes« beim Fliegen:

- Kosten wegen Übergröße des Gepäcks fallen weg
- Lästiges Warten auf Sondergepäck entfällt
- Das Faltrad kann zur Anreise dienen
- Bei Pauschalreisen keine Sonderbehandlung nötig

Einen Nachteil hat das Faltrad im Flugbetrieb jedoch in jedem Fall, es raubt spärlichen Platz und belegt einige Kilogramm des raren Freigewichts. Insofern muß der Faltradler darauf achten, daß sein sonstiges Gepäck zusammen mit dem Rad nicht die zulässigen Höchstwerte des Gesamtgewichts und der Anzahl der Gepäckstücke überschreitet. Gelingt dies nicht, wird es teuer! Einige Tricks können helfen, das zu verhindern:

- Schwere Jacken, dicke Pullover und Schals bleiben am Körper und werden in der Kabine untergebracht. Die schwersten Schuhe sind zu tragen, die leichten gehören ins Gepäck. Den Radhelm läßt man noch lässig am Gürtel baumeln, um Platz im Handgepäck zu sparen.
- Wer es gerne ausreizen möchte, kann sich eine Fotoreporter-Weste besorgen. In mehr als einem Dutzend Taschen finden ohne weiteres 10 Kilogramm Ausrüstung Platz.
- technisches Gerät (zu dem wir hier auch Bügelschlösser und anderes schweres Zubehör des

Rades zählen) paßt vorzüglich ins Handgepäck. Die schützende Plastiktüte ist selbstverständlich. So lange das Handgepäck lässig getragen wird und nicht zu groß ist, wittert niemand den Braten und bittet zum Gang zur Waage. Sollte dies, wider Erwarten, einmal eintreten, ist Verhandlungsgeschick gefragt, um zu erklären, daß die Dinge im Rucksack die rabiate Behandlung als Gepäckstück nicht überleben würden. Es gibt Bestimmungen, in denen

Falträder bergen manchmal spannende Details.

nachzulesen ist, daß etwa fototechnisches Gerät und Bordlektüre nicht mitgewogen werden darf.

- In die Faltradtasche passen immer noch einige Kleinigkeiten hinein. Eine Isomatte ist vorzügliches Verpackungsmaterial, das spart Geld und Gewicht.
- Ist die Reise von langer Hand geplant und Übergewicht nicht zu umgehen, dann gilt es, zu kontrollieren, nach welchem System die anvisierte Fluglinie arbeitet. Es gibt Gesellschaften, die die Stückzahl begrenzen, andere limitieren das Gewicht. Einige Fluggesellschaften variieren je nach Zielflughafen und Route! Schon im Reisebüro kann man den Ärger im Keim vereiteln, wenn man entsprechend bucht!
- Für Vielflieger und Gäste mit langem Aufenthalt haben einige Firmen besondere Regelungen, die mehr Ladung einräumen! Eine Frage im Reisebüro ist eventuell bares Geld wert!
- Zahnpasta, Haarwaschmittel, Sonnencreme usw. kann man bei Reisen in »zivilisierte« Länder vorort kaufen, sie brauchen nicht zu fliegen. Das macht ein weiteres Kilogramm aus. Manchmal kann man dabei sogar Geld sparen. Sonnencreme mit extremen Schutzfaktoren ist in Australien so preiswert wie Kohlenanzünder in Sachsen. In Deutschland verlangen die Hersteller hingegen stolze Preise.
- Einige Fluglinien addieren das Gewicht von Gruppen und kontrollieren den Durchschnittswert. Bangen Sie wegen Übergewicht und der Geschäftsmann hinter Ihnen wedelt mit seiner leichten Reisetasche, so bilden Sie mit ihm eine »Gruppe« am Schalter. Wer höflich fragt, hat sicher Erfolg.

Versicherung des Rades beim Flug

Das Rad gehört zum Fluggepäck und ist nach den IATA-Richtlinien mit etwa DM 53,– je Kilogramm versichert. Das bezieht sich natürlich nur auf das zulässige Höchstgewicht. Eine Reisegepäckversicherung empfiehlt sich ohnehin.

Schiffe

Fahrräder finden sich in den Laderäumen der nationalen und internationalen Fähren. Den toten Raum in den winkligen Decks nutzen die Fährenbetreiber zur Unterbringung von Motorrädern und Bikes. Mancher verdient dabei gar nicht schlecht. Eine Studie ergab, daß der Preis für den Fahrradtransfer bezogen auf die Größe der Stellfläche bei einigen Betreibern dem Zwölffachen (!) der Auto-Rate entspricht. Andere fassen den Radtransport als Service auf. Bei ersteren läßt sich durch ein Faltrad Geld sparen. Bei den anderen wird das Klappen nur notwendig, wenn der Platz knapp wird.

Verhalten und Verhandlung

»Dienst nach Vorschrift« ist der Todesstoß für viele Fahrradtransporte in allen Verkehrsmitteln. Der Ermessensspielraum des Personals ist im Bereich des Transportverkehrs sehr hoch. Dem Personal sollte man mit Freundlichkeit und Höflichkeit entgegentreten, aber dabei bestimmt sein Anliegen vorbringen. Entwikkeln Sie in der Diskussion auch einen Blick für die Probleme des Gegenübers. Erwarten Sie also nicht zuviel, denn seine Kooperationsbereitschaft und Ihr Anliegen liegen oftmals in der Grauzone des Zulässigen.

Auto

Man kann es verteufeln oder gutheißen, das Auto ist das vorherrschende Verkehrsmittel der industrialisierten Welt. Zwangsläufig wird das Fahrrad mit dem vierrädrigen Blechboliden kombiniert. »Auto und Fahrrad ergänzen sich ideal«, sagt Klaus Zwingenberg von BMW und fährt fort, »unsere Klappräder passen gut in unser Konzept vom kooperativen Verkehrsmanagement, in dem BMW die sinnvolle Vernetzung verschiedener Verkehrsmittel anstrebt.«
Drei Konzepte bieten sich an:
- Dach- und Heckträger für Velos aller Art
- Das Verstauen von Rädern im Innenraum
- Falträder

Der Blick soll an dieser Stelle einzig auf das Modul-Bike gerichtet sein.
Vorteile des Faltrades im Auto:
- allgemeine Vorteile einer Innenraumunterbringung sowie
- Rad raubt wenig Platz
- Rad kann in einer Tasche transportiert den Innenraum nicht verdrecken
- mehrere Räder lassen sich unterbringen
- Keine Umbauarbeiten am Wagen, beim Rad nur das bekannte Aufbauen zur Fahrbereitschaft notwendig

Das »Park & Bike«-Konzept: mit dem Auto bis an den Stadtrand, mit dem Rad in die City.

Falträder haben ihre Vorzüge, zum Beispiel machen sie gewagte Transportformen, wie sie dieser Motorradfahrer demonstriert, unnötig.

- extrem diebstahlsicher, weil sich das Rad gut tarnen läßt

Nachteile:

- Investition für das Faltrad notwendig
- Zusammenlegen des Rades will gelernt sein

Autostop

Ist das termingerechte Erreichen der nächsten Fähre in weite Ferne gerückt oder steht die abendliche Schließung der anvisierten Jugendherberge bevor, dann ist das Trampen mit dem Fahrrad oft die letzte Rettung. Bei Pannen ist es gar unumgänglich. Prinzipiell kann man mit Fahrrädern hitchhiken, doch es ist bedeutend komplizierter, wenn ein Velo im Schlepptau ist. Schließlich verlangt das Bike mehr freien Stauraum. Meist sind Lieferwagen oder Kombis die besten Adressen. Trucker haben ebenfalls oft Platz für das Velo. Auch hier ist das zerlegbare Rad im Vorteil. Einfach eingetütet steht das Rad in der Tasche mit am Straßenrand und wartet auf einen mitleidigen Zeitgenossen, der anhält. Kein Autofahrer hat gerne Ölspuren in seinem Fahrzeug, deshalb ist das Verpacken des Rades Pflicht!

Mit dem Fahrrad würde der Tramper den Autofahrern seinen aufgerichteten Daumen vergebens entgegenstrecken. Doch kaum fünf Minuten nachdem dieses Bild entstanden ist, ist das Rad eingetütet und kein Autofahrer muß mehr Angst vor Ölflecken auf den Sitzen haben.

Wer ernsthaft in Not ist, der stellt sich am besten mit dem Vorderrad winkend an den Straßenrand. Übrigens kann Trampen auch ein gutes Mittel sein, um das schweißtreibende Erklimmen eines Passes zu umgehen.

Touren

Der eine ist auf dem Hollandrad unterwegs, ein anderer saust mit dem Rennrad auf die Reise und mancher mag nur noch im Liegen ferne Länder erkunden. Das Spektrum der »Reiseräder« umfaßt alle Radtypen. Sogar auf Einrädern wurde schon um die Welt gereist. Das Faltrad macht dabei keine Ausnahme. Eher

Wer mit einem kompakten Faltrad unterwegs ist, braucht sich nachts keine Sorgen um sein Radl zu machen, es schlummert im Vorzelt – sicher vor Dieben und Witterungseinflüssen.

im Gegenteil: Es eignet sich vorzüglich für Touren. Eine 55 Jahre alte Frau fuhr 1980 auf dem Bickerton quer durch die USA. Das kleinste Rad schien ihr auch das einfachste und somit sicherste, daher entschied sie sich für ein Bickerton. Wie sie berichtet, hatte sie selbst auf den langen Abfahrten in den Rokkies keine Angst.

Es verhält sich mit dem Faltrad als Reisefahrzeug wie mit allen anderen Reiserädern. Ihre Vorzüge bedeuten zwangsläufig Nachteile in anderen Eigenschaften. Die »eierlegende Wollmilchsau« unter den Tourenvelos ist das Faltrad nicht. So kann nicht jedes Faltrad mit vorzüglichen Trägern aufwarten. Auch die Zuladung und Steifigkeit des Rahmens ist begrenzt. Für Touren ist auch die Ersatzteilversorgung ein wesentlicher Faktor. Hier sind die kleinen Räder im Hintertreffen; Reifen und Felgen sind eher selten. Die Ausnahme ist die Größe 20 x 1.75 Zoll. Sie ist ähnlich weit verbreitet wie die MTB-Größe 559.

Einen Vorteil hat das Faltvelo für Reisen in jedem Fall: Die Anreise und die Zwischenetappen mit anderen Verkehrsmitteln sind mit diesem Radtyp so einfach und preiswert durchzuführen wie mit keiner anderen Fahrradgattung.

Ein Moulton mit Vollverkleidung auf einer HPV-Veranstaltung.

Faltrad-Sport und mehr

Während Moulton sich darauf beschränkte, eine starre »Speed«-Version des zerlegbaren Moultons zu bauen, zielt Green Gear Cycling auf den reisenden Sportler. Insbesondere im Radsportbereich gibt es einen regelrechten »Veranstaltungstourismus« auch von Seiten der Teilnehmer. Ein zerlegbares Rad ist dabei sehr hilfreich. Das AirFriday von Green Gear Cycling erspart dem Sportler auch das lästige Warten auf das Gepäck. Ist es verpackt, dann entspricht es den Vorgaben für die Maximalgröße des Handgepäcks. Zudem ist es sehr leicht und aerodynamisch optimiert.

Race Across AMerica – RAAM

David Bogdan startete am 20.6.1987 auf die 5.031 Kilometer lange Reise durch 13 US-Staaten von San Francisco nach Washington D.C. Die verwendeten Moulton-AM-Räder waren modifiziert. David schätzte die Moulton-Federung bei den teilweise lebensgefährlichen Downhills. Vom Feld der 35 gestarteten Teilnehmer erreichten nur 15 das Ziel und David Bogdan gehörte mit einer Fahrtzeit von 11 Tagen, 8 Stunden und 2 Minuten dazu. Der Sieger hatte 1 Tag, 20 Stunden und 27 Minuten Vorsprung. Defekte gab es (abgesehen von Platten) nicht.

»Ob ich gegen den Wind fahre, endlose Berge erklimme oder mit der Crew streite, mir macht das ganze Spaß«, beschreibt David Bogdan die Erlebnisse beim »grausamsten« Radrennen der Welt.

1988 war David Bogdan wieder am Start. Die Strecke dieses Jahres war kürzer, aber bergiger. Satte 22.900 Höhenmeter standen vor den Fahrern. Der Fahrradmechaniker aus Kent, Washington State, verbesserte sich: Die 4.944 Kilometer brachte er in 10 Tagen, 15 Stunden und 1 Minute hinter sich. Seine Durchschnittsgeschwindigkeit betrug 19,3 Stundenkilometer (inklusive Pausen!), pro Tag fuhr er 465 Kilometer. Insgesamt gönnte sich der Amerikaner nur 26 Stunden Schlaf. Auch 1988 war die Ausfallquote wieder sehr hoch, von 33 Startern erreichten nur 14 das Ziel. Bemerkenswert ist der Umstand, daß David Bogdan einer der wenigen Fahrer war, die danach imstande waren, an der Ziellinie eigenhändig zu unterschreiben. Den Dank dafür verdient die Moulton-Federung. 1988 pedalierte Bogdan auf dem Speed-Prototypen, der anschließend in Produktion ging. Das Rad wog nur 9,2 Kilogramm. Technische Veränderungen, wie der »unteilbare« Rahmen, eine herkömmliche Sattelstütze und veränderte Rohrdurchmesser machten dies möglich.

David Bogdan nach dem Race Across America.

Folding Bike Race

Eher dem Spaß und der Unterhaltung entwachsen sind die »Folding Bike Races«. Erstmals gab es dieses Rennen beim Lancester Cycle Festival 1994. Gestartet wird nach Art des Autorennens in Le Mans: Die Fahrer stehen an der Startlinie und sprinten nach dem Startschuß zum Rad, welches zuerst zusammengebaut werden muß. Anschließend muß eine Runde geradelt werden, dann ist das Rad zusammenzulegen. Eine Laufpassage schließt sich an. Der Wechsel zwischen Laufen und Radeln kann zusätzlich eine »lebenspraktische Komponente«, etwa das Ziehen eines Fahrscheins oder Anschließen des Rades beinhalten. Was den Realitätsbezug dieser Races anbelangt, stehen sie in einem ähnlich schlechten Licht wie die Geschicklichkeitswertungen und Alltagsprüfungen der Liegeradler. Doch auch der Spaß und Unterhaltungswert ist ihnen gemeinsam!

Falträder und Anhänger

Nicht nur, das man mit Falträdern Anhänger ziehen kann, auch für den Transport in Anhängern eignen sie sich. Der Gedanke an ein Ersatzrad im Hänger ist natürlich etwas abwegig, weil Kosten und Zusatzge-

Der Praxiswert von Faltradrennen ist gering, um so größer der Spaß für Zuschauer und Aktive. Hier ein Le Mans-Start mit geklappten Rädern.

wicht der seltenen Nutzung entgegenstehen. Green Gear Cycling bindet den Anhänger direkt in das Fahrradkonzept ein. Dave Holladay aus Glasgow entwickelte einen speziellen Anhänger für das Brompton. Beste Erfahrungen bestehen auch für die Kombination vom Vitelli-Anhänger mit dem Brompton.
Für den Faltfan bietet sich der faltbare Anhänger von J.B. Corrie & Co Ltd. an.
Vorsicht ist bei der Verwendung von Hängern mit einer Nabenkupplung an Falträdern mit einem schwenkbaren Hinterbau geboten. Die Belastungen für den Rahmen sind sehr hoch. Mancher Hersteller hat solche Kräfte nicht in seine Belastungsannahmen bei der Konstruktion einfließen lassen. Ähnliches gilt auch für Anhänger, die an der Sattelstütze befestigt werden. Sattelstützen mit Klappfunktion sind nicht zwangsläufig den auftretenden Kräften gewachsen.

Folders-Home

Tom De Jonge führt ein internationales Verzeichnis von Faltradlern, die anderen Zerlegvelomobilisten auf Reisen Quartier gewähren. Das System funktioniert nach dem Gegenseitigkeitsprinzip: Wer in Anspruch nimmt, muß auch Gastfreundlichkeit leben. Reiseradlern ist diese preiswerte und interessante Variante der Unterkunft auf Reisen durch das »Radler Übernachtungs-Verzeichnis« vom ADFC (kurz: RÜV) bekannt. Seit vielen Jahren kann man damit seine Reisekosten in Deutschland stark reduzieren und lernt nette und interessante Menschen kennen. Das Einstiegskapital liegt bei 12 bis 18 DM und ist jährlich zu entrichten. Die Spielregeln sind bei allen Listen dieser Art recht identisch. Ein Jugendherbergsschlafsack ist mitzubringen, sich im vorhinein anzukündigen gilt als Pflicht, und mit Service über eine Schlafstelle hinaus darf man nicht rechnen. Der letzte Punkt ist eher formaler Natur, meist lebt es sich recht gut in den Unterkünften.

Mit dem Faltrad auf neuen Pfaden

Nicht immer sind die Ziele, welche für eine Tour auf einem Faltrad attraktiv sind, auch leicht erreichbar. Insbesondere Flughäfen sind auf die Anreise mit dem Rad nicht vorbereitet. Radwege, sofern sie überhaupt vorhanden sind, führen meist zu den Aussichtstribünen, nicht aber zu den Abreiseterminals. Hier ist Fantasie und Navigationsvermögen gefragt.
Die Radweg-Beschilderungen haben bisweilen witzige Konzeptionen. So ist der Weg zum Kölner Flughafen recht gut beschildert. Will man vom Flughafen zurück ins Zentrum, so fehlen die Schilder. Beim Anlegen der Wegweiser gingen die Planer davon aus, daß jeder Radler den Weg wiederfinden würde, den er zuvor

zum Flughafen fuhr. Sie rechneten aber nicht damit, daß Radler vielleicht nur den Weg vom Flughafen zur Stadt zurücklegen müssen, da sie zuvor einem Aluminium-Vogel entstiegen sind.

Die Fahrt von den Verkehrsknotenpunkten zum individuellen Reiseziel erschließt Eindrücke von Land und Leuten, die man in keinem Reiseführer nachlesen und bei keiner Taxi- oder Busfahrt erleben kann. Diese Ansichten von Hamburg, vom Küstengebiet Südenglands und der San Francisco Bay möchte ich nicht missen müssen . . .

Modifikationen, Anpassung und Verbesserung

Die Kontaktpunkte zwischen Mensch und Maschine sind neben der generellen Anpassung an die Größe des Fahrers die gängigsten Peiniger des Radlers. In Bezug auf die Anpassung des Rades an den Menschen dürfen auch beim Faltrad keine Kompromisse eingegangen werden.

Paßt etwas nicht zusammen, so sollte sich nicht der Fahrer darauf einstellen, vielmehr muß das entsprechende Bauteil eingestellt oder ausgetauscht werden. Das Fahrrad ist ein »Arbeitsplatz«, der zum Zwecke der Effizienz hundertprozentig dem Arbeiter entsprechen muß. Dieser Perfektionsanspruch ist Basis für eine langfristige Freude am Radfahren. Kein Radfahrer sollte dafür Arbeit und Zeit scheuen, schließlich geht es um sein eigenes Wohl. Abstriche von dieser Maxime sind nur in Sonderfällen legitim, etwa bei sehr kurzen Fahrstrecken oder in Extrembereichen, wo Komfort zum Beispiel der Aerodynamik (Bahnradsport) geopfert wird.

Mit dem modernen Race-MTB verschwanden endlich auch veraltete Ansichten über die ideale Rahmenhöhe. Denn es ist wenig sinnvoll, ein Rad anhand der Rahmenhöhe auszuwählen. Letztlich wären Falträder nach diesen Faustregeln nur für Kleinwüchsige geeignet. Das Maß der Dinge ist das Dreieck aus Sattelposition (Höhe und Lage zum Tretlager), Tretlagerposition (Höhe vom Boden und Anordnung zwischen den Laufrädern) und Lenkerposition (Höhe vom Boden und Entfernung vom Sattel).

Dieses Dreieck muß der Anatomie des Fahrers und dem Verwendungszweck entsprechen. Dabei ist es primär irrelevant, wie groß der Rahmen dazwischen und wie lang Sattelstüze und Vorbau sind. Diese Maße haben allerdings in anderer Hinsicht Belang. Ein langer Vorbau

schwenkt beim Lenken weiter aus, was sich als unpraktisch erweisen kann. Wieder einmal ist der gesunde Kompromiss gefragt, welchen die meisten Faltradhersteller auch gefunden haben.
Die einschlägigen Klassiker der Trainingslehre und das Buch »Fahrradphysik und Biomechanik« von Michael Gressmann (Moby Dick Verlag, Kiel 1995, 6., überarbeitete Auflage) geben einen guten Überblick.
Falträder werden meist mit dem Blick auf kurze Fahrstrecken ausgestattet. Während eine ungünstige Schaltung der langen Fahrt »nur« hinsichtlich der benötigten Kraft im Wege steht, verhält es sich mit Sattel, Pedalen und Lenker anders. Sie können die Leiden auf längeren Strecken ins Unermeßliche steigern. Hier helfen meist nur Erfahrungswerte und Experimente.
Ebenso wie Fahrradkleidung aus dem asiatischen Raum oft sehr klein ausfällt, sind auch Falträder, die in Asien entwickelt wurden, für großgewachsene Europäer gelegentlich unzureichend bemessen.

Sattel

In jedem Falle sind Kernledersättel einen Gedanken wert. Sie sind zwar etwas schwerer (Ausnahmen: Der Brooks »Swift« und ein von Alex Moulton entwickelter Sattel liegen im Gewichtsniveau herkömmlicher Rennsättel), passen sich dafür jedoch exakt dem Gesäß des Fahrers an.
Einen weiteren Komfortgewinn verschaffen gefederte Sattelstützen. Diese erleben im Zuge der Full-Suspension-Mode im Mountainbike-Bereich ein Revival. Das Angebot ist groß und vielfältig. Systembedingt haben sie den Nachteil, die Entfernung zwischen Tretlager und Sattel zu verändern, was sich sehr ungünstig auf die Ergonomie und Kraftentfaltung auswirkt. Konzeptionell besser ist da schon die Allsop-Carbonschwinge, die zwar mit dem gleichen Laster kämpft, aber superben Fahrkomfort realisiert; doch auf ein Faltrad mit dieser Carbon-Keule warten die Fans noch ...

Lenker und Vorderpartie

Der Komfort in der Steuerzentrale wird maßgeblich von der Bodenqualität beeinflußt, also von den Schlägen, die die Hände und hier vor allem die Handgelenke erhalten. Eine Federgabel kann bei schlechten Straßen sehr dienlich sein, wie es in der Konstruktion des Moultons bereits verwirklicht ist. Federvorbauten haben den Vorteil, sich leicht nachrüsten zu lassen und, sofern sie sich ohne den Kauf ergänzender Anbauteile leicht einbauen lassen, auch noch recht preiswert zu sein. Oftmals sind sie auch die einzige Wahl, weil es Federgabeln nicht in allen »kleinen« Laufradgrößen gibt! Das Niveau der Federvorbauten reicht

vom einfachen Stahlmodell bis hin zur Edelvariante für DM 500,–. »Federführend« ist der »Frankenstem«, wie er wegen seines voluminösen Erscheinungsbildes genannt wird, von Allsop. Er hat fast 75 Millimeter Federweg und zeichnet sich durch sehr stabile Auslegung und präzise Mechanik aus. Die Parallelogrammkonstruktion sorgt dafür, daß die Armaturen (Brems- und Schalthebel) sich beim Einfedern nicht vom Körper wegdrehen. Dies ist bei Modellen mit einer einfachen Drehachse der Fall (z.B. Gervin).
Bei Federvorbauten ist auch zu bedenken, daß sie höher bauen als herkömmliche Vorbauten, die in beliebigen Winkeln erhältlich sind.
Wer nur gelegentlich auf schlechten Straßen flitzt, dem verhelfen besondere Lenkergriffe (Grab On oder Biogrip) zu einer höheren Dosis Komfort. Lenkerformen sind unbegrenzt und man sollte sich den individuell geeignetsten heraussuchen. Etwaig mangelnde Kompatibilität ist selten eine Frage der Bemaßungen, vielmehr des Portemonnaies, das den Neukauf passender Komponenten erlaubt oder eben nicht.

Pedale

Selbst für kurze Strecken im Pendelbetrieb sind Pedalhaken/schlaufen oder Klickpedale (SPD, Time, Look usw.) zu empfehlen. Beide Systeme verlangen gegenüber einer einfachen Gummiblockpedale eine genaue Justage. Wurde diese den Pedalen zuteil, dann glänzen sie mit höchster Effizienz. Kraftvoller Antrieb an der Ampel und zügiges Pedalieren auch über Stunden verlangen diese feste Verbindung zwischen Schuh und Pedal. Glücklicherweise gibt es heute genügend »begehbare« Modelle.

Schutzbleche

Jeder kennt ihn, den berühmt-berüchtigten braunen Streifen auf dem Rücken des Radfahrers. Er zeugt von einem schlechten oder nicht vorhandenen Schutzblech. Beim Brompton wie auch beim Friday und beim Birdy fallen die Serienbleche recht kurz aus. Das Verbauen anderer handelsüblicher Schutzbleche verbietet sich, weil sie den Klappmechanismus einschränken. Zweckdienlicher ist es, die vorhandenen Bleche um einen flexiblen Spritzschutz zu verlängern. Dafür schneidet man sich ein Stück Gummi zurecht und klebt es mit Isolierband an das untere Ende des Schutzbleches. Manchmal genügt es auch, nur Klebeband zu benutzen.

Bremsen

Bremsen sind vielfach eine Schwachstelle der Falträder. Scheiben-, Trommel- und Rücktrittbremsen ausgenommen, lohnt es sich stets, hochwertige Bremsklötze zu verbauen. Aztec, Scott Matthauser oder Cool Stop sind namhafte Firmen in diesem Bereich, die für allerbeste Produkte bekannt sind. Es sind Modelle für Seitenzug- und Cantilevermontage erhältlich. »Brakebooster« reduzieren die Verwindung der Cantileversockel am Hinterbau oder auf der Gabel und erhöhen so die Bremskraft. Sinnvoll ist ebenso die Verwendung reibungsarmer Bowdenzüge. Hier hat die Firma Gore Tex für einen beträchtlichen Entwicklungsschub gesorgt. Gerade die oftmals langen Außenhüllen bei Faltradzugführungen können damit ausgeglichen werden.

Laufräder

In allen Experimenten zum Rollwiderstand offenbarte sich, daß der Reifendruck sehr großen Einfluß auf den Rollwiderstand hat. Erfahrungsgemäß lassen sich die Herstellerangaben zum Maximaldruck der Reifen um bis zu 30 Prozent überschreiten. Dies sollte man zugunsten eines geringen Rollwiderstandes ausschöpfen. Natürlich übernimmt der Autor keine Haftung für Schäden, die aus der Umsetzung dieses Ratschlages entstanden sind.

Schweißtreibendes Pumpen kann man vermeiden, wenn man Schläuche mit Autoventilen montiert. Dann steuert man einfach die nächste Tankstelle an und erhält Dampf aus dem Kompressor. Dienlich ist dies auch bei schleichenden Plattfüßen. Statt zeitaufwendig zu flicken, hangelt man sich »von Tanke zu Tanke« und gibt Druck aus dem Spender ... Das Flicken zuhause oder im Hotel ist angenehmer als am Pistenrand, wo weder Radio noch Waschbecken die Prozedur auflockern.

Licht

Über die Notwendigkeit von Lichtanlagen und die Unzulänglichkeit der gesetzlichen Rahmenbedingungen möchte ich hier keine Zeile verlieren. Um Vorurteilen einen Riegel vorzuschieben: Bei einem kleinen Laufrad leuchtet die Lampe genauso hell wie bei einem großen, denn die Umfangsgeschwindigkeit ist identisch. Die dafür nötige Leistung steigt nicht zwangsläufig und hängt ausschließlich vom Reibungswiderstand zwischen Dynamolauffläche und Felge oder Reifen ab.

Die Querkräfte bei der Verwendung von Dynamos auf/an kleinen Laufrädern sind so stark, daß man auf Speichen- oder Nabengeneratoren umsteigen sollte. Dem sind enge Grenzen gesetzt, weil das Angebot sehr gering ist. Außerdem müssen beide Dynamoarten auf den geänderten Radumfang des Laufrades abgestimmt werden. Der Schmidt-Original-Nabendynamo ist in einer Version für 17 bis 20 Zoll Räder erhältlich. Er kollidiert leider mit den schmalen Gabeln mancher Falträder, die Naben mit kleineren Einbaubreiten verbauen (Brompton).

Die verlegten Kabel und die angebauten Lichtanlagen (Vorderlampe, Rücklicht und Dynamo) dürfen den Faltmechanismus nicht stören. Wird

eine Lichtanlage nachgerüstet, muß sorgfältig maßgenommen werden.
Wer auf eine Dynamoanlage verzichtet, sollte stets ein LED-Blinkerlicht parat haben. Obgleich sie kein deutsches Prüfzeichen besitzen, überzeugen sie durch hohe Sicherheit und wartungsarme Konstrukion.

Rahmenschutz

Im Alltag wird der Rahmen eines Faltrades stark geschunden. Beim Tragen, Falten und Anschließen ist er Belastungen ausgesetzt, die viele Hersteller nicht beachten. Spinnakertape aus dem Drachenbau eignet sich vorzüglich, um den Rahmen an brisanten Stellen vor Lackbeschädigungen zu schützen.
Rohre, die als »Trittbrett« oder Gepäckträger für Taschen dienen (oft das Oberrohr), geben durch einen Streifen »Griptape« hinreichend Halt. Das Tape kommt aus dem Skateboard-Sektor, wo es auf die Oberseiten der Bretter geklebt wird.

Tasche

Die Tasche für das Rad muß in einigen Fällen selbst hergestellt werden. Entweder bietet der Produzent des Folders keine Tasche oder er hat nur unzureichende Modelle im Angebot. Alte Postversandsäcke sind eine billige Alternative, die auch viel Handarbeit spart.
Fahrradkartons, die bei allen Veloläden als Müll anfallen, sind eine preiswerte Lösung. Allerdings kann man sie nur »one-way« nutzen oder muß sie im Falle einer Rundreise – kostenpflichtig – am Flughafen oder Bahnhof deponieren. Wer nur gelegentlich mit dem Bike reist, findet hier eine sinnvolle Verpackung.

Modifikationen machen gute Räder noch besser!

Wie jeder gute Rucksack auch, muß ein Faltrad auf die Bedürfnisse und die Ergonomie des Benutzers eingestellt werden. Es genügt nicht, ein Produkt eines namhaften Herstellers zu kaufen, vielmehr verlangen auch diese Modelle umfangreiche »Anpassungsarbeiten«. Hier einige Tips zu bekannten Falträdern:
- Auf das Bickerton können Modelle von Pletscher als Gepäckträger geschraubt werden. Sie passen gut an das Rad und erhöhen das Packmaß nur geringfügig.
- Firestone bietet Federelemente an, die perfekt an das Brompton passen. Ihr Federverhalten ist wesentlich besser als das der Originalteile und sorgt für einen spürbaren Komfortgewinn.
- Die kleinen Plastikrollen auf dem Gepäckträger des Brompton kann man durch Inline-Rollen ersetzen. Ihr Rollverhalten ist besser und sie zeichnen sich durch extreme Langlebigkeit aus.
- Ist das Rad mit einem herausziehbaren Vorbau versehen, gibt es zwei sinnvolle Modifikationen.

Die Bowdenzugaußenhüllen von Schaltung und Bremsen verheddern sich gerne beim Transport. Sind sie durch ein Plastikrohr geführt oder mit Kabelbindern miteinander verbunden, ist dieses Ärgernis vorbei. Das kräftige Herausziehen der Vorbaueinheit quält die Außenhüllen der Bowdenzüge, weil sie dabei oft gedehnt werden. Ein Stahlseil, das durch zwei Seilschellen an Rahmen und Vorbau befestigt und ein wenig kürzer als die Bowdenzüge bemessen ist, schützt die Züge vor Defekten durch zu kräftiges Herausziehen.

- Die Räder von Green Gear Cycling haben Flaschenhalteranlöter auf der Rückseite des Sitzmastes. Ist an diesen ein Flaschenhalter montiert, so kann man das Rad nicht mehr in den Koffer oder die Tasche stecken. Es gibt flexible Flaschenhalter aus Kunststoff. Sie lassen sich beliebig zusammendrücken und brauchen beim Verpacken in Tasche oder Koffer nicht demontiert werden.

Diebstahlschutz und andere Tips

Jährlich veschwinden in Deutschland viele Tausende Fahrräder, die meisten davon innerhalb von Städten und bei alltäglichen Besorgungen – dem Terrain der Falträder. Der Kaufpreis eines Faltrades impliziert bereits den Kauf einer Diebstahlsicherung, weil man das Rad in riskanten Gegenden einfach mit ins Haus, Büro oder Kino nimmt. ». . . Studenten, die vom Fahrradklau heimgesucht worden sind, ist das Birdy wärmstens zu empfehlen: Zusammenklappen und in die Vorlesung oder ins Seminar nehmen . . . wer, bitteschön, soll dann noch stibitzen können?« stellt die Studentenzeitschrift UNICUM (Spezial Zweirad 2/96 S. 20) fest.

- Lenkerausleger, Sattelstütze und die Laufräder sollten auf irgendeine Weise unmissverständlich aber unauffällig gekennzeichnet werden. Zum Beispiel durch eingeritzte Initialen. Die Polizei codiert Räder nach einem einheitlichen System. Dies schreckt die Diebe spürbar ab und erleichtert die Rückführung, wenn das Rad nach einem Diebstahl gefunden wird.
- Als Faltradfahrer ist man auf die diebstahlfreundlichen Schnellspanner angewiesen. Dennoch kann man Sattelstützen vor Diebstahl schützen, beim Birdy zum Beispiel genügen ein Meter dünnes Stahlseil und zwei Seilklem-

Mit einer Rohrschelle kann man Schnellspanner vor den schnellen Fingern der Gelegenheitsdiebe schützen, für versierte Diebe sind sie kein Hindernis.

men, um einen wirkungsvollen Schutz gegen Gelegenheitsdiebe zu basteln. Das Seil wird von unten innen durch die Sattelstütze gefädelt und um den Sattelklemmbolzen gezogen. Dort befestigt man die erste Seilklemme. Eine weitere findet ihren Platz an einem der Schwingenrohre. Die Stütze kann nun ein- und ausgefahren, nicht aber herausgenommen werden. Übrigens sind nicht alle Schnellspanner für das kleine Packmaß notwendig: Beim Friday und Birdy können die Schnellspanner der Räder bedenkenlos mit einer Rohrschelle gesichert oder gegen Pitlock-Achsstifte getauscht werden.

- Wer auf Schnellspanner am Rad nicht verzichten kann oder will, dem helfen die »Boa-Kabel« von Trelock weiter. Sie dienen als Verlängerung des Schlosses und erlauben die Sicherung der Laufräder.
- Niemals sollte man die Mitnahme eines Schlosses wegen des Gewichtes scheuen. Auch die Preise guter Schlösser sind nicht zu vergleichen mit dem Neukauf eines Rades und dem damit verbundenen Ärger. 10 Prozent des Kaufpreises für ein Fahrrad sollten in Sicherheitsmaßnahmen investiert werden und als Untergrenze sind DM 100,– zu veranschlagen.
- An belebten Orten Räder stets abschließen und anketten. Dem Dieb durch die Wahl des Ortes keinen Hinweis auf die Verweildauer geben. Wer sein Rad vor dem Kino abstellt, der gibt dem Dieb für die Dauer des Films eine Einladung.
- Beim Anschließen darauf achten, daß man das Schloß durch ein Rahmendreieck führt, das nicht durch die Faltfunktion zu öffnen ist. Ansonsten können auch Diebe

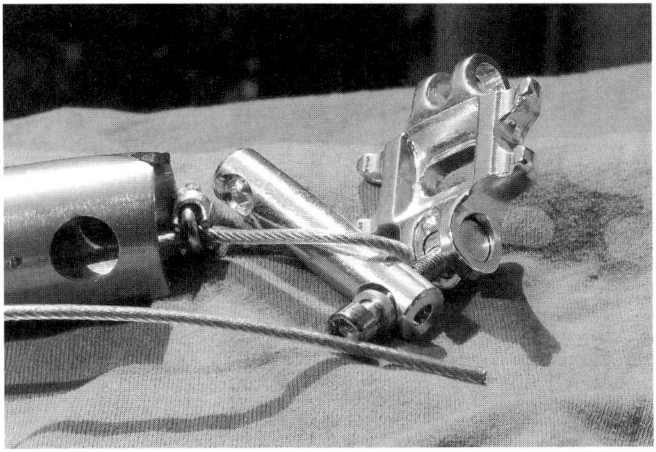

Befestigt man ein Stahlseil im Inneren der Sattelstütze vom Birdy und führt das Seil durch die untere Öffnung der Stütze, um es dann an der Strebe des Hinterbaus zu befestigen, so bleibt die Teleskopfunktion erhalten, und die Stütze ist vor Gelegenheitsdieben ohne schweres Werkzeug geschützt.

das Rad einfach ausfädeln. Bei Rädern mit »S & S-Machine«-Bindungen bietet sich nur noch der Hinterbau an.

- Damit Sicherungsmaßnahmen nicht zum Eigentor werden, ist es hilfreich, einen Ersatzschlüssel zum Beispiel in die Sattelstütze zu kleben. Diebe werden ihn dort nicht suchen und in der Not leistet er gute Dienste und schützt davor, seine eigenen Schlösser knacken zu müssen.
- Konstruktionen mit Stahlseilen (z.B. Slingshot) können dem Besitzer böse Überraschungen bringen: Randalierern und Dieben ist es ein leichtes, dieses Seil zu kappen ...

Pflegetricks

»Ihr Faltrad sollten Sie besonders pflegen, denn gerade diese Räder haben oft längere Standzeiten in den Garagen durchzuhalten, und schnell ist die Kette rostig, der Reifen schlapp oder der Faltmechanismus schwergängig.« (Thomas Froitzheim)

Im Kapitel über die Konstruktion ist bereits die Bedeutung des Reifendrucks herausgestellt worden. Das Aufpumpen in bestimmten Intervallen ist also Pflicht. Gleiches gilt für das Schmieren der Kette. Die Faltscharniere und -mechanismen bedürfen ebenfalls einer Portion Öl im Vierteljahrestakt.

Das aufwendige Öffnen von Lagern schlechter bis mittlerer Qualität kann man umgehen, indem man das Rad auf die Seite legt und Öl von außen auf Nabe und Pedale tropft – über Nacht läuft es hinein!

. . . und was man sonst noch im Gepäck haben sollte:
Neben den Standard-Troubleshootern wie Helm und Pumpe, gibt es andere sinnvolle »Wunderwaffen«, die Defekten ihre Gefahr und Problemen ihre Spitze nehmen.

- Sie wiegen wenig und können Leben retten: Diodenrücklichter. Ein kleines Licht mit Clip zum Befestigen an Rahmen oder Gürtel sollte auf jeder Tour dabei sein. Vor allem im Herbst kann die Dunkelheit den Radler überraschen. Dann ist schnell ein Unglück geschehen, die meisten Unfälle unbeleuchteter Radfahrer ereignen sich in der abendlichen Dämmerung.
- Ein Spannriemen hilft bei der Gepäckunterbringung, sichert das verpackte Rad im Gepäcknetz und ersetzt defekte Leinen, Gürtel und Riemen. Der Spannriemen gehört als Standardausrüstung auf jeden Gepäckträger.
- Leatherman Tool: Es ist das Schweizer Messer der Unterwegs-Werkzeuge. Zange, Klinge, Seitenschneider, Ahle, Dosen/Flaschenöffner, Lineal und Metallfeile in einem, hilft es aus vielen Nöten. Unter Messebauern und Fotografen ist das Ding ebenfalls sehr beliebt. Sie loben die vorzügliche Material- und Verarbeitungsqualität. Es gibt drei verschiedene Größen, die zwischen DM 90,– und 170,– kosten. Übrigens ist neuerdings auch ein Schweizer Messer für Biker erhältlich, das verglichen mit dem Leatherman mit einer kleineren Zange auskommen muß, dafür den beliebten Korkenzieher bietet. Wer es nüchterner mag, dem ist das Cool Tool zu empfehlen!
- Parktool AWS 5 ist der Urtyp der klappbaren Inbustools und hat in Sachen Haltbarkeit die Nase vorn: 2, 2,5, 3, 4, 5 und 6 Millimeter In-

Das Werkzeugset ist beim Two'S Day Tandem serienmäßig; es empfiehlt sich für jeden Faltradfahrer, ein entsprechendes Set für die Falt- und Wartungsarbeiten seines Rades zusammenzustellen.

busschlüssel in einer Hand. Ähnliche Modelle sind mit umfangreicherem Zubehör auch von Minoura erhältlich.

- Reifenheber, Ersatzschlauch und Flickzeug bedürfen auf größeren Pendelstrecken oder Touren wohl keiner Erwähnung.
- Geht es über mehrere Tage mit dem Folder auf Tour, dann sollten Ersatzreifen und Bowdenzüge, eine Speiche je benötigter Länge sowie eine Dose mit verschiedenen Schrauben, Muttern und Unterlegscheiben mit von der Partie sein. Telefonkarte und Geld in der Landeswährung dürfen nicht fehlen!
- Ein Paar Handschuhe halten die Hände sauber und helfen bei plötzlichem Wetterumschwung.
- Als wahre Wundermittel haben sich Kabelbinder herausgestellt. Im Baumarkt extrem preisgünstig sind sie im Ernstfall Gold wert. Sie befestigen Kabel, halten Schutzbleche, reparieren Schuhe und Rucksäcke, ersetzen Gürtel und dienen als Schlüsselring. Dabei sind der Phantasie und Improvisationskunst keine Grenzen gesetzt. Ein Dutzend von ihnen sitzt mit einem ihresgleichen befestigt sicher am Gepäckträger. In einem mit einem Korken verschlossenen Lenker haben andere einen guten Platz gefunden.
- Ein halber Meter Gewebeklebeband ist (um einen Kugelschreiber gewickelt, der kann nie schaden) ebenfalls eine gute Hilfe, wenn der Pannenteufel attackiert.
- Eine Filmdose voller Handwaschpaste gleicht mangelnde Hotelausstattung aus und hält die Hände sauber . . .
- Wer sich erfahrungsgemäß zu den Schmierfinken zählt, sollte eine kleine harte Zahnbürste mitnehmen – sie holt den Dreck aus dem Nagelbett und schrubbt auch hartnäckigen Schmutz vom Boden. Eine Filmdose voller Citrusreiniger hilft gegen Flecken in der Kleidung und auf dem Teppich, letztere sind nicht nur peinlich, sondern im Extremfall auch teuer (Hotel).
- Der obligatorische Lappen zum Putzen des Rades sollte nie vergessen werden.
- Wer mit einem Friday-Koffer unterwegs ist, sollte sich ein alte Zeitung hineinlegen. Diese saugt das Wasser auf, falls das Rad einmal naß eingepackt werden muß. Im Hotelzimmer dient sie als Unterlage für die Montage und Pflege des Fridays.

Schlußwort

Schon im Vorwort ihres Buches »Fahrräder – die Geschichte eines Welterfolges« geht Serena Beeley auf die Rolle von Falträdern ein, wenn sie schreibt: »Wenn immer mehr Autofahrer sich dazu durchringen, ihre Wagen zumindest für kurze Strecken in der Garage zu lassen, kann das zu einer größeren Nachfrage nach leistungsfähigen Mehrzweckfahrrädern mit kleinen Rädern führen, die zum leichteren Verstauen zusammengeklappt werden können.« In dieser Aussage steckt Gedankengut von Alex Moulton und anderen Faltradherstellern; Euphorie und Wunschtraum mischen ein wenig mit. Der Knackpunkt dieser Überlegungen findet sich ebenfalls in diesem kurzen Satz: Solange Autofahrer sich »durchringen« müssen, ist eine Veränderung auf breiter Front nicht zu erwarten. Jedes Handeln von Menschen unterliegt einem Kosten-Nutzen-Kalkül (materiell und immateriell). Wenn man das Gefühl hat, mehr aufzugeben als zu gewinnen und keine Druckmechanismen (äußere Sanktionen, oder z.B. drohender Imageverlust) einwirken, gibt es keinen Grund, verändert zu handeln. Autofahrer steigen erst um, wenn das Radfahren Spaß macht, unkompliziert, sicher und günstig ist und sie durch dieses Verhalten nicht in eine stigmatisierte Sonderstellung (»Er fährt Rad, weil sein Führerschein weg oder das Konto leer ist!«) geraten. Schöne, praktische, leichte, zweckorientierte und technisch unkomplizierte Fahrräder können dazu einen Beitrag leisten.

Mein Dank gilt neben unzähligen namenlosen Helfern vor allem:

Walter Ulreich, John Pinkerton, Markus Riese, Heiko Müller, Gabi und Kalle Kalkhoff, Volker Klein, Jasmin Fischer, Hanz und Alan Scholz, The Folder Society, Bicycling Books, Hans-Heinrich und Henning Voss, Martin Staubach, diversen Faltradherstellern, Michael Grützner, Ekkehard Demand, Harry Hoffmann, Tillmann Wagenknecht, Walter Euhus, Andrew Ritchie, Harald Reutzen, Ulrike Unger, Helge Schulz, Holger Hammel, Juliane Neus; Jane, Peter und David Henshaw, Nadia Naumann, Prof. Dr. H.E. Lessing, Thomas Bernds, Olaf Großert, Mark Sanders, Tony Hadland, Wolfgang Schoppe, G.J. Moed, Andreas Pooch, David E. Evans, Helge Schultz, Joshua Hon, Stefanie Glave, Haasies Ratschlag, Enno Roosink, C. Michael Lewis

Literatur

Nicht aufgeführt sind in dieser Liste die Ausgaben des »Folder«, dem Vereinsorgan der »Folding Society«. Eine Mitgliedschaft lohnt sich für jeden interessierten Faltradpiloten.

Ballantine, Richard/Grant, Richard, »Fahrradtafel«, Stuttgart 1992

Beeley, Serena, »Fahrräder. Die Geschichte eines Welterfolges«, Stuttgart, 1994

Bonin, Walter, »Die Fahrradschaltung«, Kiel, Moby Dick Verlag, 1996

Bönsch, Helmut Werner, »Einführung in die Motorradtechnik«, Stuttgart, 6. Aufl., 1993

Borgé, Jacques/Viasnoff, Nicolas, » Les véhiules de l'occupation«, Balland, Paris, 1975

Borgé, Jacques/Viasnoff, Nicolas, »Le velo«, Balland, Paris, 1978

Daul, Anton, »Illustrierte Geschichte der Erfindung des Fahrrades und der Entwicklung des Motorradwesens«, Verlag von R. Creutz, Dresden, 1906, Reprint Verlag Leipzig, 1988

Evans, David E., »Pedersen. Ein Rad macht Geschichte«, Germersheim, 1992

Fehlau, Gunnar, »Das Liegerad«, Kiel, 3.Aufl., 1996

Gressmann, Michael, »Fahrradphysik und Biomechanik«, Moby Dick Verlag, Kiel, 6. überarbeitete Auflage, 1995

Hadland, Tony, »The Spaceframe Moulton«, Balsall Common/Coventry/UK, 1994

Hadland, Tony, »The Moulton Bicycle«, Balsall Common/Coventry/UK, 2. Aufl., 1982

Hadland, Tony/Pinkerton, John, »It's in the bag!«, Cheltenham/UK, 1996

Herzog, Ulrich, »Fahrradpatente«, Moby Dick Verlag, Kiel, 3.Aufl. 1991, S. 92–95

Herzog, Ulrich, »Full Suspension«, Moby Dick Verlag, Kiel, 1996

McGurn, Jim, »On your Bicycle«, John Murray, London, 1987

Plas, Rob Van der, »Fahrräder«, Moby Dick Verlag, Kiel, 2. Auflage, 1996

Rabenstein, Rüdiger, »Radsport und Gesellschaft«, Weidmann, München, 1996

Salvisberg, Dr.Paul von, »Der Radsport in Bild und Wort«, Olms Press, Reprint aus dem Jahre 1897, 1980

Sharp, Archibald, »Bicycles & Tricycles«, Cambridge, 1977 (Nachdruck von 1896)

Ulreich, Walter, »Das Steyr-Waffenrad«, Weishaupt Verlag, Gnas, 1995

Vester, Frederic, »Ausfahrt Zukunft«, München, 5. Aufl. 1990

Whitt, Frank/Wilson, David Gordon, »Bicycling Science«, Cambridge, 2. Auflage, 1982

Register

Themengebiete